◆女作家画传书丛◆

冰心画传

郭娟 / 主编

王炳根 / 著

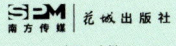

花城出版社
中国·广州

图书在版编目（CIP）数据

冰心画传 / 王柄根著． -- 广州：花城出版社，
2023.1
（女作家画传书丛 / 郭娟主编）
ISBN 978-7-5360-9657-8

Ⅰ．①冰… Ⅱ．①王… Ⅲ．①冰心（1900-1999）—传记—画册 Ⅳ．①K825.6-64

中国版本图书馆CIP数据核字(2022)第214570号

出 版 人：张　懿
责任编辑：林佳莹
技术编辑：凌春梅
封面插画：马晓晴
封面设计：童天真

书　　名	冰心画传 BINGXIN HUAZHUAN
出版发行	花城出版社 （广州市环市东路水荫路11号）
经　　销	全国新华书店
印　　刷	深圳市福圣印刷有限公司 （深圳市龙华区龙华街道龙苑大道联华工业区）
开　　本	880毫米×1230毫米　32开
印　　张	7.75　10插页
字　　数	210,000字
版　　次	2023年1月第1版　2023年1月第1次印刷
定　　价	59.80元

如发现印装质量问题，请直接与印刷厂联系调换。
购书热线：020-37604658　37602954
花城出版社网站：http://www.fcph.com.cn

冰心画传

目录

第一章 随父的童年

一　家世与出生
002

二　烟台的"野孩子"
008

三　回到女儿身
013

四　到了北京
019

第二章　五四惊雷，震上文坛

一　冰心的"五四"
026

二　以"问题小说"现身
029

三　弃医从文
035

四　加入文学研究会
041

五　泰戈尔与《繁星》《春水》
047

第三章　留学美国

一　别离与催生《寄小读者》
060

二　横渡大洋的邮轮
066

三　威尔斯利女子大学
075

四　一病足惜
082

五　遨游于新英格兰大地的山水之间
097

六　重返威校
103

七　绮色佳之恋
111

八　《漱玉词》与《求婚书》
119

第四章　从北平到东京

一　燕南园
138

二　云南默庐
149

三　重庆潜庐
154

四　旅居日本
160

第五章　归来之后

一　继续为孩子写作
170

二　友好使者
174

三　风雨磨难
181

第六章　进入新时期

一　生命从 80 岁开始
190

二　能爱才能恨
195

三　精神驿站
205

四　从研究会到文学馆
219

五　有了爱就有了一切
234

后记　冰心的照片
243

第一章 随父的童年

烟台的炮台,曾是儿时冰心活动的舞台(1973年摄)

一　家世与出生

与祖父、老姥太摄于上海（1902）

1900年10月5日，清光绪二十六年，农历庚子年闰八月十二日，一个女婴在福州乌山脚下的隆普营出生，按照家族的辈分排行，取名谢婉莹。

关于出生地，冰心在晚年的回忆文章中写道：

> 我出生在福州城内的隆普营。这所祖父租来的房子里，住着我们的大家庭，院里有一个池子，那时福州常发大水，水大的时候，池子里的金鱼都游到我们的屋里来。（《我的故乡》）

福州是一座有两千多年历史的古城，城内有"三山两塔"

（三山即于山、乌山与屏山，两塔即乌塔与白塔），隆普营便是在乌山之下，乌塔之旁。隆普称营而不称巷，那是因为这里曾是驻扎军队之所，后成为民居，位置极其幽静。与隆普营一箭之地，便是当年福州的中心区域、著名的三坊七巷（衣锦坊、文儒坊、光禄坊；杨桥巷、郎官巷、安民巷、黄巷、塔巷、宫巷、吉庇巷）。冰心出生时，福州府城由闽县与侯官县组成，隆普营属于侯官县。三坊七巷可谓建筑典雅、人文荟萃，是一处既封闭又开放、既有达官贵人居住又网布平民生活情调的建筑群。所谓封闭，指的是居住在这里的人，大都藏富掖财，坊、巷、府、家自成格局，将楼台亭阁、珠玉繁华藏掩于院门之内，往往是一角小门，关下了一方锦衣世界；但他们又大开大合地走出去，出坊越巷，走出福州，翻越武夷山，远涉太平洋，来到华夏各处，前往世界各地，成为高官巨贾、伟人壮士、文化名人，仅仅是冰心出生前后百年的时间内，先后从这里走出的影响中国甚至影响世界的人物便有：林则徐、沈葆桢、林纾、严复、郑孝胥、林长民、林觉民、胡也频、邓拓等几十位。

冰心的祖父谢銮恩与严复为同代人，严复从马尾船政学堂毕业后，经过5年的船舰实习，到英国伦敦格林尼治的皇家海军学院（Royal Naval College）留学，回国后，先在马尾船政学堂任教习，之后到天津北洋水师学堂任"洋文正教习"。谢銮恩从长乐迁至侯官（福州），成为谢家第一位识字者后，在光禄坊道南祠设学授徒。1881年，冰心的父亲谢葆璋17岁，在道南祠遇回乡招募学员的严复，严复见之，觉得符合招募条件，冰心祖父也很愿意家里有个"吃官饷"的儿子，于是，谢葆璋跟了严复到天津紫竹林的水师学堂，当了一名驾驶生。4年之后，以第一名的成绩结束课堂学习，被派上"威远"号练习舰实习。1892年，北洋大臣李鸿章呈奏光绪皇帝，"升署北洋海军右翼左营守备（谢葆璋）充'来远'船驾驶二副"。谢葆璋便是以"来远"号驾驶二副参加了甲午海战。当海战一个多小时后，北洋水师只剩下"定远""镇远""靖远"与"来远"4艘战舰时，他们同仇敌忾，与敌死战。当日舰以优势兵力包围上来，"来远"号的官兵英勇还击。战斗结束后，"来远"号伤痕累累，当它驶归旅顺港时，中外人士目睹损伤如此严重的军舰，尚能平安返航，大为惊叹。同时，人员伤亡十分惨重，谢葆璋虽未受重伤，但他妻子的一位堂侄在海战中阵亡，炮弹打穿他的腹部，肠子炸出，飞溅到烟囱上，谢葆璋含泪将烧焦的肠子撕下，放回到他的遗体中。"来远"号没有在大东沟海战中葬身黄海，次年初，加入威海卫保卫战，被日军鱼雷艇偷袭击沉，谢葆璋侥幸跳海生还。甲午海战之后，清政府取消了北洋水师的建制，数以千计劫后余生的海军官兵被遣散回乡。

在一个月夜里，谢葆璋回到了故乡，当他叩动隆普营那扇大门时，妻子杨福慈急急开门，月光下看到丈夫的脸，"才有两个指头那么宽"。

冰心的母亲杨福慈，出身书香门第，曾有过良好的家庭影响与教育。幼年不幸，14岁父母双亡，由叔父杨颂岩抚养成人。9岁时，杨父与同为学官的谢銮恩，作诗论文时定下的"娃娃亲"，直到19岁，嫁入谢家。杨家不仅是书香之家，且是进士门第。前六代出了以两江总督杨簧为代表的12名进士、12名举人。从第六代开始又形成以杨树庄为代表的"海军世家"。杨福慈出生于福州，幼年时同其堂姐妹4人，聘请名儒为其家庭教师。9岁之前，熟读"四书五经"、古典名著，能诗善文，是为杨家的一位才女。母亲去世时，冰心曾有过如许的评价："谈到母亲看的书，真是比我们家里什么人看的都多。从小说、弹词到杂志、报纸，旧的、创作的、译述的，她都爱看。平时好的时候，天天夜里，不是做活计，就是看书。总到十一二点才睡。晨兴绝早，梳洗完毕，刀尺和书，又上手了。她的针线盒里，总是有书的，她看完又喜欢和我们谈论，新颖的见解，总使我们惊奇，有许多新名词，我们还是先从她的口中听到的，如'普罗文学'之类。我常默然自惭，觉得我们在新思想上反像个遗少，做了落伍者！"（《南归》）嫁到谢家的杨福慈，由于丈夫多在海上，离多会少，曾经有过多愁善感的"幽怨"，在和谢葆璋的通信中，时有这种夫唱妇随的幽怨诗文。"□□□□□□/此身何事学牵牛，/燕山闽海遥相隔，/会少离多不自由。"这样的诗文，一直珍藏在冰心记忆中。

甲午海战后的3年多时间，谢葆璋与妻子杨福慈才有了一段比较安定的生活。以前海上漂泊，总是"会少离多"，战败让他们夫妇终于可以厮守，但厮守也不平静，谢葆璋的心仍系海上，表面平静与温柔之乡，内在却是漂泊与刚烈的精神渴求，冰心就是在这样一种心情下，种下的一颗美丽的种子。

谢葆璋在种下那颗美丽种子时，便又离开了故乡。清廷决定恢复北洋舰队，原"靖远"舰管带叶祖珪出任统领；原"康济"舰管带萨镇冰成为帮统，同时兼任"海圻"号巡洋舰管带，他要挑选的第一个副手，就是谢葆璋。

"海圻"舰因管带为兼职，日常的军事与事务管理，便由帮带（副舰长）谢葆璋履行管带（舰长）之职，除了军舰停泊吴淞港口之外，谢葆璋须臾不得离开。在上海昌寿里租房，接家人团聚，是军人谢葆璋，也是父亲、丈夫、儿子谢葆璋的两全之策。那一刻，谢葆璋将7个月大的女儿托在掌心，犹如托着一颗稚嫩的幼芽……

父亲谢葆璋

母亲杨福慈

二 烟台的"野孩子"

1902年,谢葆璋接受了一项新任命——烟台海军练营的管带。次年,以练营管带的身份兼任海军学堂监督(校长)。于是,不仅是谢葆璋,包括他的一家,便从繁华的上海,搬到了横冷的烟台。

烟台是北方重要的港口,三面环绕的大海,一下子便涌入小婉莹的面前,从此与她结下不解之缘。早慧的婉莹,变了花样,上演着无数的淘气与可爱。这时保护她与爱她的人,主角已悄悄发生变化,由先前的母亲,转移到父亲身上。第一堂课就是父亲上的。那时父亲忙于拟订筹建海军学校的方案,婉莹却时刻缠着他,说这问那,父亲只得停下笔,指着墙上那副对联"此地有崇山峻岭茂林修竹,是能读三坟五典八索九丘",说:"你也学着认认字好不好?你看那对子上的山、竹、三、五、八、九这几个字不都很容易认吗?"于是,婉莹也像父亲一样,拿起一支笔,坐在父亲的桌旁,一边读一边写,很快竟也把对联上的22个字都会念会写了,但全然不知道是啥意思,直到晚年,冰心忆及此事,仍然说:"直到现在我还不知道这

'三坟五典八索九丘'究竟是哪几本古书。"

婉莹6岁时才有了第一个弟弟，之前，她是这个海军校长家庭的"独子"，常常跟在父亲的后面，出没兵营、军舰、炮台与水兵之间。父亲想让女儿也像一个小水兵，让母亲专门缝制了一套小军服，这样婉莹跟在父亲的后面，显得更神气了一些。"因着母亲的病弱和家里的冷静，使得我整天跟在父亲的身边，参加了他的种种工作与活动，得到了连一般男子都得不到的经验。为一切方便起见，我总是男装，常着军服。父母叫我'阿哥'，弟弟们称呼我'哥哥'，弄得后来我自己也忘其所以了。"冰心说，完全是童年的环境把她惯成了一个"野孩

与父亲、大弟弟摄于烟台（1907）

子"。父亲如果在办公,她也不回家,喜爱孩子或讨好上司的下属,便会将其带走,"游踪所及,是旗台,炮台,海军码头,火药库,龙王庙。我的谈伴是修理枪炮的工人,看守火药库的残废兵士,水手,军官,他们多半是山东人,和蔼而质朴,他们告诉我许多海上新奇悲壮的故事。有时也遇见农夫和渔人,谈些山中海上的家常。那时除了我的母亲和父亲同事的太太们外,几乎轻易见不到一个女性"(《我的童年》)。海军的营房、水兵的旗台、架着克房伯大炮的炮台、军舰进出的码头,还有那周围的海边山上,都成了小婉莹活动的舞台。自由、奔放、无拘无束、无忧无虑、独往独来,既充满幻想又脚踏实地,纵然是21世纪的现代社会,一般女孩子的童年也无可比拟!

只是有一回,父亲拉着女儿坐在沙滩上,面对烟台美丽的港湾,像面对大人一样说起了沉重的话来:"中国北方海岸好看的港湾多的是,何止一个烟台?你没有去过就是了。""比如威海卫,大连湾,青岛,都是很好很美的……"当女儿提出带她去看一看的时候,这位海军校长捡起一块卵石,狠狠地向海浪上扔去,仿佛要将一腔仇恨扔将出去:"现在我不愿意去!你知道,那些港口现在都不是我们中国人的,威海卫是英国人的,大连是日本人的,青岛是德国人的,只有,只有烟台是我们的,我们中国人自己的一个不冻港!""为什么我们把海军学校建设在这海边偏僻的山窝里？我们是被挤到这里来的啊。这里僻静，海滩好，学生们可以练习游泳、划船、打靶等。将来我们要夺回威海、大连、青岛，非有强大的海军不可。现在大家争的是海上霸权啊！"

童年的婉莹着男装，在驻军最高长官的保护伞下，玩耍于海天，游没于兵营，形成了她后来"海化"的性格。中年的冰心在回顾这些童年往事时，说遗留在她的性格中有五点：第一是对于人生态度的严肃，喜欢整齐、纪律、清洁的生活，怕看怕听放诞、散漫、松懈的一切。第二是喜欢空阔高远的环境，不怕寂寞，不怕静独，愿意常将自己消失在空旷辽阔之中。第三是不喜欢穿鲜艳颜色的衣服，喜欢黑色、蓝色、灰色、白色。第四是喜欢爽快、坦白、自然的交往，很难勉强自己做些不愿意做的事，见些不愿意见的人，吃些不愿意吃的饭！第五是一生对于军人普遍的尊敬。(《我的童年》)也就是说，冰心的性格在烟台水兵与海隅的天地里基本形成。

但那时的晚清王朝摇摇欲坠，深刻的内部矛盾与尖锐的外部矛盾，无可制约地推动着历史的前进，最终退出历史的场景，中国翻开了又一页。身为晚清海军学校校长的谢葆璋，也处在矛盾之中：一方面，他要对学校与学生负责，要忠于职守；一方面，他同情革命，憧憬着改变现实。11岁之前的谢婉莹不会理解父亲这种矛盾的处境,但矛盾的结果,谢婉莹是知晓的,并且改变了她的身份与角色。1911年初秋,"父亲恋恋不舍地告别了他所创办的海军学校和来送他的朋友、同事和学生,我也告别了我的耳鬓厮磨的大海,离开烟台,回到我的故乡福州去了!"(《我的童年》)。

父亲与烟台水师学堂毕业生合影(1908)

三　回到女儿身

辞官后的谢葆璋，携家眷乘船离开烟台。8年前婉莹来烟台时，是为父母的独生女，现在离开烟台了，已有弟弟3人，大弟谢为涵、二弟谢为杰、三弟谢为楫，分别为5岁、3岁和1岁。回到故乡福州，已是1911年冬天了。轮船航行在青山碧水之间，纵是隆冬，也是绿意醇浓。看惯了蔚蓝的大海与寒冷的枯黄，第一次回到故乡的谢婉莹，眼前一亮，青山、绿水、白雾与细雨，让她涌起了一缕诗情：

　　清晓的江头，
　　白雾蒙蒙，
　　是江南天气，
　　雨儿来了——
　　我只知道有蔚蓝的海，
　　却原来还有碧绿的江，
　　这是我父母之乡！　（《繁星》）

谢葆璋一家没有回到婉莹出生时的隆普营，而是住进了位于南后街杨桥巷万兴桶石店后的一座大院里。杨桥巷即是三坊七巷中的一巷，属于城中心位置，而这座大院是祖父刚刚买下来的，之前为林觉民一家人居住。也就是10个月前，即4月27日，黄兴等领导的广州起义爆发，当时尚在日本留学的林觉民决意回国，参加起义，因消息走漏，起义失败，86位起义军战死或失败后遇害。林觉民留下了"卿卿意映如晤"的千古绝唱而慷慨悲歌走上了刑场。林觉民的岳父恰在广州做官，得知消息后连夜派人快马回福州报信，为避株连，家人急忙变卖房产，全家躲进偏僻的早题巷。买下这座房子的人便是谢銮恩老先生。"我们这所房子，有好几个院子，但它不像北方的'四合院'的院子，只是在一排或一进屋子的前面，有一个长方形的'天井'，每个'天井'里都有一口井，这几乎是福州房子的特点。这所大房里，除了住人的以外，就是客室和书房。"（《我的故乡》）

住进大房子后的谢婉莹，生活环境发生了根本的变化，远离大海，房子再大也不及海军学堂的校舍呀，也不再是水兵王国中的海军公主了。大家庭中的辈分与等级，如兵营般森严，祖父下有两个伯父、一个叔父，两个伯母与一个叔母，再就是堂哥、堂姐、堂弟、堂妹一大堆，婉莹要在这个大家庭中生活了。母亲教导说，回到福州住在大家庭里，不能再像野孩子似的了，一切都要小心。对长辈不能没大没小的。祖父是一家之主,尤其要尊敬……也就是说,她再也不能像在烟台那样自由任性地当"野孩子"了,不能着男装,不能穿军服,更不能骑马打枪,她必须回到自己真实的身份上:

一个大家庭中的女儿身!

大人们七手八脚地帮助她找回身上少女的气息。伯母等家中几个女长辈看着一身素装的婉莹,直摇头,11岁了,脚未裹,耳眼未扎。这怎么行?婉莹在母亲的指点下,一件一件地开始了她的女儿功课。只是在耳朵的大耳垂上打洞,母亲有些不忍,可也找不出理由,还是父亲"支着",说婉莹"左耳唇后面,有颗聪明痣,把这颗聪明痣扎穿了,孩子就笨了",这才免去了那一针。婉莹后来还爱上绣花,在一方扎好绷紧的白布上,用不同的丝线,绣出玫瑰、荷花、蝴蝶、画眉鸟什么的,让她着迷。

待婉莹女装的打扮停当,便要过年了。辛亥年的除夕、壬子年的春节,对谢婉莹来说是全新的,地点转换,节目改变,人也不同了。身上穿着新做的月季大花棉袄、脚下踏着刚刚换上的金百合的绣花鞋,从腊月二十三日起,便看着大人忙乎开了,最先是叠"元宝",用金银纸箔,叠成元宝的样子,然后用绳子穿成一串一串的,准备供神供祖的时候烧;然后就忙着扫房,洗刷门窗,擦亮铜锡器具;更要取出糟腌的鸡、鸭、鱼、肉。祖父则忙着写春联，婉莹站在书案前，看看字、研研墨，或是拿着水滴向砚台加点儿水，父亲过来帮忙，便是将祖父写好的春联，贴在擦得纤尘不染的大门、中厅或房门的柱子上。祖父还要在自己的书桌旁边，贴上"元旦开笔""新春大吉"之类的吉利话。放花炮、拜年、拿压岁钱自然是少不了的，因为大家庭里兄弟姐妹多，祖父的红纸包里，只是一两角的新银币，但因为长辈也多，加上各人外婆家给的压岁钱，每人几乎都得到好几块！还要和堂哥堂姐堂弟堂妹们比，比从自己外婆家得到的东西，谁的好，谁的多，灶糖、灶饼啊，一盒一盒的点心啊。尤其要比灯笼，"福州方言，'灯'和'丁'同音，因此送灯的数目，总比孩子的数目多一些，是添丁的意思。那时我的弟弟们还小，不会和我抢，多的那一盏总是给我。这些灯：有纸的，有纱的，还有玻璃的……于是我屋墙上挂的是'走马灯'，上面的人物是'三英战吕布'，手里提的是两眼会活动的金鱼灯，另一手就拉着一盏脚下有轮子的'白兔灯'"。墙上挂的、手里提的、拉的，晚年的冰心活画了她在梦幻般灯的世界里顽皮而得意的形象。尤其是南后街的花灯，"那就不是孩子们举着玩的灯笼了，而是上面画着精细的花鸟人物的大玻璃灯、纱灯、料丝灯、牛角灯等等，元宵之夜，都点了起来，真是'花市灯如昼'，游人如织，欢笑满街"！（《童年的春节》）福州过年真是热闹，远胜于烟台哟！只是开心时得记住身份，时时不要忘记自己是个女儿家。

祖父的书房就在婉莹居室的对过厢房，那儿有一长列的书柜，婉莹有空便钻进祖父的书房里，从下往上看，从坐着到站着到踮起脚尖到站在了凳子上，祖父也从不制止，无论看什么书，从唐诗到《巴黎茶花女遗事》都允许，婉莹便在祖父的知识海洋中畅游，包括这个大院中柱子上过道中的对联，都被她背个烂熟。"海阔天高气象，风光月霁襟怀""知足知不足，有为有弗为""花花相对叶相当，红紫青蓝白绿黄""君子才如不羁马，知君身是后凋松"。这些对联或是祖父写的或是亲戚送的，每副对联均有典出，体现了鲜明的家族文化色彩，谢婉莹自小便十分喜爱，直到晚年，还常常将记忆中的对联题赠给求字者。

辛亥革命之后，旧学废止，新学渐兴，谢婉莹考上了福州女子师范学校预科，成了谢家第一个上新学的女孩子。学校与私塾不同，先是环境变了，不在自家而在学校，朝夕相处的不是堂兄与表哥，而是陌生的同学，同时，课程设置针对的不是个人而是全体。第一次过起了学校生活，头几天很不惯，偷偷地流过眼泪，当然不能表现出来，要不大家庭里不赞成女孩子上学的旧派长辈，会以此为理由劝其辍学！"女孩子的手指是不能当门闩的!"在重男轻女的大环境下,虽有父亲的庇护,但传统力量仍是强大。福州女师的地址,在三坊七巷外的花巷,由一所很大的旧式宅第改造而成,校长是黄花岗七十二烈士之一的方声洞的姐姐方君瑛。"我记得我们课堂边有一个小池子,池边种着芭蕉。学校里还有一口很大的池塘,池上还有一道石桥,连接在两处亭馆之间。"(《我的故乡》)直到晚年,冰心还记得作文老师是林步瀛先生,教体操的是日本女教师,姓石井。

四 到了北京

北京的家，铁狮子胡同中剪子巷 14 号

辛亥革命之后，北京政府的海军部建立，即电令谢葆璋来京就职，时间为 1913 年春末夏初。谢婉莹只得辍学，来到北京。父亲租了一座小院，东城铁狮子胡同中剪子巷 14 号，成了他们北京的家。

谢婉莹发现，在北京做官的父亲，比在烟台消沉多了。新的政权没有令他兴奋反而使其消沉，个中原因婉莹不明白。父亲既没有兴致带孩子们外出游玩，自己也不出去打牌、听戏、喝酒、应酬，只是和旧日的同学、好友还有一些交往。记得父亲曾去瀛台与"囚禁"的副总统、昔日天津紫竹院海军学校的同窗黎元洪下棋。在家的父亲也不甘寂寞，从海军部下班回家，便在院子忙乎开来，砌花台，卷起袖子种花、浇水，还搭起一个葡萄架子，把从烟台寄来的葡萄秧子栽上。后来还把花园渐渐扩大到门外，种了茉莉、月季、蜀葵等，又为孩子们立了一个秋千架，周围的孩子就常来看花，荡秋千，把大院称作"谢家大院"。

就在这时，京味文化开始进入谢婉莹的视野，从糖锣担子到民俗表演，从放风筝到梅兰芳，这些代表京韵文化的符号，都是烟台、福州所不曾有过的，文化的反差才令谢婉莹有一些兴奋与新鲜感，但也有种陌生与惶惑，有时还会产生隔膜与失落。冰心是这样描述当时心境的："弟弟们睡觉以后，我自己孤单地坐着，听到的不是高亢的军号，而是墙外的悠长而凄清的叫卖'羊头肉'或是'赛梨的萝卜'的声音，再不就是一声声算命瞎子敲的小锣，敲得人心头打颤，使我彷徨而烦闷！"（《我到了北京》）

谢婉莹辍学一段时间后继续上学，舅舅杨子敬为其选择了离中剪子巷不远处的灯市口，由美国基督教公理会办的贝满女子中学，开始了她的完整的现代中学教育。贝满是英文的音译，BRIDGEMAN，捐款兴建这个学校的美国人的姓氏，学校以捐建人命名。入教会学校，对谢婉莹而言，不能像福建的另一位作家林语堂那般顺理成章，他们家没有基督徒。好在福州也有教会学校，仓前山的英华书院便是，婉莹的二伯父谢葆璋在此教中文，堂兄谢为枢也在那儿读书。教会学校的外籍教师均为传教士，到过他们福州的家，留下的印象并不坏，尤其婉莹出生，接生婆便是传教士。自然母亲不会反对上教会学校，父亲对教会学校了解，认为他们教学认真，英语口语纯正，便对女儿说，去贝满上学也好！

海军少将这个决定对女儿的成长十分重要，但海军公主与她在福州上师范预科一样，开始很不习惯，甚至觉得"很苦"，第一天上学便将要交的学费弄丢了，不知道到哪儿去就餐，一天没有吃饭，等等。冰心后来列举了"很苦"三个方面的原因："第一是我初小是在山东乡下上的，程度遂不及贝满，刚一来便感到应付的为难，尤其是算学一科，分数很低的。第二年才补上，以后才有很好的成绩。第二个原因是我口音的关系，才从山东来，国语一点也不会说，开口感到困难，一切练习口才的集会便不敢参加。第三是《圣经》不熟，我是生活在非基督教家庭的，对于圣经没有丝毫根底。"数学跟不上，作业与考试都不及格，说话山东口音很重，老师与同学听不太懂，回答问题只能到讲台上将答案写在黑板上，同学们赐她一个外号"侉子"。

显然，婉莹被"现代教育"的课程卡住了。福州女子学校的预科，仅学过算学中的加减乘除，而中学的数学从代数起步，一到上课，便觉得"脚跟站不牢，昏头涨脑，踏着云雾似的"。如此情景，10道题能做对5道就不错了，考试不及格便是不可避免的了。但这一切并没有难倒从水兵堆中走出来的聪慧而又倔强的谢婉莹。因为代数的缺课，母亲请了培元蒙学的一位数学老师来给女儿补课，婉莹也极是用功，"我每天回家以后，用功直到半夜，因着习题的烦难，我曾流过许多焦急的眼泪"。眼泪可以开花，也可以结果，代数补习完毕，数学便追上去了，而其他的如几何等一切难题迎刃而解，甚至成了同学们崇拜的偶像，遇有难题便来向她请教。此时的婉莹对数学甚至有些出神入化了，"竟有几个困难的习题，是在夜中苦想，梦里做出来的"。

中学时代的同性爱，如果不是冰心自己说了出来，大概是不会有人知道的。1936年5月，冰心、吴文藻即将赴欧美游学，天主教会办的慕真女子中学邀请冰心演讲。面对与自己20年前一样豆蔻年华的女生，冰心讲起了她在贝满女中的学生生活。演讲并非追怀远逝的同性爱的恋情，而是意在说明这种情感的不健全性与有害性，显然是希望对慕真的女生有种劝导与警示的作用。也许邀请者希望已成为著名作家的冰心讲讲中学生交友的话题，冰心便带出了同性交友的经验与认知。当时有人做

在北京贝满女子中学与同学合影（1916）

了记录，主要的观点刊在了慕真女校的校刊上，同时配发了马玉波《谢冰心印象记》，记载了演讲的情形。

　　刊登冰心演讲《我自己的中学生活》的《慕真半月刊》，是为校刊，发行范围很小，影响也有限，但由于冰心的知名度尤其是演讲的话题，立即被上海的一些报刊所注意。也就在同年的6月，20世纪30年代"女学生们人手一册"的畅销杂志《玲珑》，刊登了据说是从《上海日报》上转载来的署名"玉壶"的文章，题目叫《冰心演讲同性爱记》，将《我自己的中学生活》中关于"同性爱"放大为标题。冰心有关同性爱的话题，到了40年代仍然被媒体炒作，但1949年之后，在所有冰心研究的文章中，均未出现过这方面的内容。直到2012年冰心文学第四届国际学术研讨会后，青年女学者赵慧芳发掘出来，这里作为一种对冰心中学生活的补述，以便更好地理解冰心为何描写过诸多女性，与许多女性成为一生知己，尤其在《关于女人》中，对十余位女性的精彩描写，甚至涉及"同性爱"的描写内容。

第二章 五四惊雷,震上文坛

在协和女子大学的校园里(1918)

一 冰心的"五四"

1918年贝满中学毕业,在进入大学时,谢婉莹并没有向文而是学医。传统的中医,女子行医几乎没有,现代西医,20世纪初叶的中国,也鲜有女性,谢婉莹的选择从表面看来,极富挑战意味,但实际上,她仅仅是出于一个理念,即"为母亲看病"。由于母亲多病,看中医,把把脉便可开药方,到北京之后,父亲坚持改看西医。西医无把脉之说,但要用听诊器听病者的心肺,请到海军少将家为谢太太看病的西医为男性,母亲非常不习惯,不肯让医生听诊,就是隔着厚厚的棉衣,也只给一个背影。医生很难听到什么,一脸无奈。看到母亲的窘境与病痛,站在一旁的女儿暗下决心,长大学西医,为母亲看病。

谢婉莹升入大学的9个月之后,也即是1919年5月,中国的历史翻开了最悲壮、最富有现代意义的一页。五四运动的爆发,改变了中华民族的命运,改变了中国社会的走向,也改变了无数的仁人志士无数的青年学子的命运与走向。女大学生谢婉莹便是被这个空前壮阔的运动卷入其中,并且在激流中寻找到了自己的位置,散发出最绚烂的光彩。

协和女子大学不在5月4日游行的队列里，谢婉莹当天也不在学校，而是在外国使馆区东交民巷的德国医院中，看护生病的二弟，在听说五四运动的情况后，"又是兴奋又是愤恨"，心在激昂地跳，"窗外刮着强劲的春风，槐花的浓香熏得我头痛"！

这是冰心对自己参加五四运动的自述：

"五四"这一夜，我兴奋得合不上眼，第二天就同二弟从医院回家去了。到学校一看，学生自治会里完全变了样，大家都不上课了，都站在院子里面红耳赤地大声谈论，同时也紧张地投入了工作。我们的学生会是北京女学界联合会之一员，我也就参加了联合会的宣传股。出席女学界联合会和北京学生联合会的，都是些高班的同学，我们只做些文字宣传，鼓动罢课罢市，或对市民演讲。为了抵制日货，我们还制造些日用品如文具之类，或绣些手绢去卖。协和女大是个教会学校，一向对于当前政治潮流，不闻不问，而这次波澜壮阔的爱国力量，终于冲进了这个校园，修道院似的校园，也成了女学界联合会代表们开会的场所了。同学们个个兴奋紧张，一听见什么紧急消息，就纷纷丢下书本涌出课堂，谁也阻挡不住。我们三五成群地挥舞着旗帜，在街头宣传，沿门沿户地进入商店，对着怀疑而又热情的脸，劝说他们不要贩卖日货，讲着人民必须一致奋起，反对日本帝国主义的侵略压迫，反对军阀政府卖国行为的大道理。我们也三三两两地抱着大扑满，在大风扬尘的长安街，在破敝黯旧的天安门前，拦住过往的人力车，请求大家捐些铜子，帮助援救慰问那些被捕的爱国同学。我们大队大队地去参加北京法庭对被捕学生的审讯。我们开始用白话文写各种形式的反帝反封建的文章，在各种报刊上发表。（《回忆五四》）

5月底便开始放假，但在北京城里的学生依然活动。尤其是谢婉莹，作为学生会的干部、女学界的代表，参加了北京地方法庭对北大学生案的审判。事后，她将这次听审的经过与感想，写成了文字，寄给了北京《晨报》。4天以后，即8月25日，最有影响的《晨报》以"女学生谢婉莹投稿"的署名，全文发表了她的文章《二十一日听审的感想》。

这是一篇只有1300字的短文，但却是谢婉莹第一篇被印成了铅字的文章，虽为时作、杂感，但从感情的取向到文字的清新，都有着鲜明的"五四"气息。文章直接写到北洋政府对参加五四运动学生的迫害，既表示了她的同情，也表达了对所谓"公道"的愤慨和质疑。9天之后，"女学生谢婉莹"在《晨报》上又发表了另一篇文章《"破坏与建设时代"的女学生》，这几乎是一篇冰心行将登上文坛的女性观与人生观的宣言。这篇文章的观念之成熟，很难想象出自一个年仅19岁的女大学生之手。

二 以"问题小说"现身

当然,仅仅是发表一两篇对重大事件描写或表态观念的文章,也许还不能体现作者的文学才华,但谢婉莹身边有一个重要人物,就是时任《晨报》编辑的刘放园,一个给谢家赠送《晨报》的学者,一个比谢婉莹大了近20岁的表兄,一个将小表妹引向文坛的伯乐。《二十一日听审的感想》便由他编发,让他惊奇的是这个平时给自己端茶递烟的小表妹,竟然有如此清新的文字!而在当时,读书的女性不多,能写作的女性更是凤毛麟角,刘放园当然明白它的意义!于是,不仅给谢家赠送《晨报》,还不断寄来《新潮》《新青年》《改造》等十几种新出的杂志与书籍,这一下又扩大了谢婉莹的新文学视野,从这些书报上,她知道了杜威和罗素,也知道了托尔斯泰和泰戈尔。并且懂得小说里有哲学,有社会问题与矛盾等,一时,喜欢小说的心情,又显著地浮现出来。而时不时来谢家大院与父亲对饮的表兄刘放园,竟然在父亲的面前夸奖她能写,鼓励她可以尝试着写一些白话小说。放园表兄的话,对婉莹有着直接的点拨作用,于是,在一个初秋的晚上,谢婉莹洗漱完毕,像要上床睡觉的样子，悄悄地关上了房门，在南窗下的小桌上，铺上了稿纸，磨墨，试了几管小楷，最后留下一管，在荣宝斋的竖格宣纸上，写下了四个娟秀的小字：

　　两个家庭

以下的文字便飞快地流出：

　　前两个多月，有一位李博士来到我们学校，演讲"家庭与国家关系"。提到家庭的幸福和苦痛，与男子建设事业能力的影响，又引证许多中西古今的故实，说得痛快淋漓。当下我一面听，一面速记在一个本子上，完了会已到下午四点钟，我就回家去了。

这个现在看来似乎平淡、没有多少特别的开头，其叙述的角度与句式，也说不上有什么过人之处，但上推至20世纪的初叶，则就让人耳目一新，别致新颖。白话与"我"的艺术视角，探讨家庭的幸福与痛苦的社会问题，叙述方式与探讨的问题，都具有开创性的现代意义。

小说誊清之后，如何署名？她不想再用"女学生谢婉莹"了，怕人知道自己写小说，那就用幼时姑母为自己抽签得来而从未用过的"珠瑛"吧，可也觉得不好，姑母说这个名字是寄在吕洞宾名下的，封建色彩很浓。想了一会儿，最后落上了

"冰心"二字。写好后再看看，觉得不错，这两个字简单好写，对同学、熟人，是个陌生的名字，不会被人取笑，而"冰心"也有了"婉莹"中"莹"的含义。第二天，表兄刘放园来谢家与父亲喝酒论道，临走时，婉莹红着脸将封好的小说交给表兄。

3天之后，《两个家庭》在《晨报》第七版"小说"的栏目下，以连载的方式赫然刊出，署名为"冰心女士"。（1919年9月18日至22日，《晨报》分5次连载）"在报纸上看到自己的创作，觉得有说不出的高兴。"实际上高兴的还不仅仅是冰心，《晨报》兴奋的程度可能不亚于作者本人。发现新文学中的一个有才华的青年作家，对报纸的发行与影响，也许是不可估量的，所以，不惜版面，一连用了5天连载这篇小说。编辑还稍嫌"冰心"二字较为中性，为了突出女性，加上了"女士"二字。于是，"冰心女士"连续5天在北京影响最大的报纸上出现，走进了千家万户。

半月之后，冰心以家庭为场景，描写父子两代人在参加学生运动上的矛盾与冲突的小说《斯人独憔悴》，《晨报》又以6天的时间大篇幅连载。每天报纸送达谢家，海军少将便寻找女儿的文章，之后与夫人争相阅读。在传统文化中，小说不登大雅之堂，轻看以至鄙视小说，是仕途中人常见的事情，没有资料显示海军少将谢葆璋反对、干涉女儿的小说写作，加上刘放园这只背后的推手，时不时都在鼓励她推动她，前一篇还没有登完，后一篇邀稿的电话便来了，并且总是鼓励，说就按这样的路子写下去，写下去，将身边的问题一一搜罗出来，写到小说里。10月30日至11月3日，《秋雨秋风愁煞人》又在《晨报》连载。

从9月18日至11月3日，前后58天，"冰心女士"的名字连续16次出现在《晨报》上，她在58天内，写作了24000余字，奉献于《晨报》的读者。这个数字，在电脑码字的网络时代，算是小儿科了，但在尚处毛笔时代的20世纪初叶，每天要写近500字的小楷，仅为字数就了不起了，况且还是一个在校的学生。这年底，她创作的另外两篇小说《去国》《庄鸿的姊姊》也在《晨报》上连载（《去国》，《晨报》1919年11月22日至26日连载；《庄鸿的姊姊》，《晨报》1920年1月6日至7日连载）。作品所表达的主题，延续了前三篇小说，即以人物的命运，表达社会问题。从美国留学归来的英士，在"亲爱的祖国"种种不得志的情况下，不得不再次远渡重洋，"太平洋浩浩无边的水和天上的明明的月，还是和去年一样。英士凭在栏杆上，心中起了无限的感慨"。他万万没有想到的是，去年一腔热血回国，一年后又不得不怅怅地"去国"。所以，他在船上对妹妹说:"我盼望你回去的时候的那个中国,不是我现在所遇见的这个中国。"(《去国》)改良的心情在怅然中显得乏力,但也是真切的企盼。

五四运动那一年,即1919年半年多的时间内,用冰心自己的话说是"几乎每星期有出品",并且定位于"多半是问题小说"。(《我的文学生活》)如此看来,"问题小说"后来被评论家经常使用的观点,并不是评论家对她的创作概括,而是她自己一开始便有的思考。成为"冰心"之后,表面文静的小婉莹,着了魔似的,脑袋瓜里装的都是看来的、听来的、了解到或早存心底的各种问题与人物,构思成熟后便成了小说,这就是她自己所说的青春期"一心只想做小说"的状态。来年一开春,便有了《一篇小说的结局》《世界上有的是快乐……光明》。前者中的"俊如女士,是一个很有思想的女学生",几乎是冰心的自我写照,下课以后,放下书包,走到窗前,拿起了纸笔,"想做一篇很快乐的小说",因为之前所作的小说都很有些悲切,都不怎么快乐,她在接受这个批评的时候,想作一篇快乐的小说,但写了下去,又是一篇更加凄黯可怜的小说,老太太不是与战场上的儿子团聚,而是永远分离。冰心在小说中显示了这样的真实,主观的愿望与残酷的现实之间有时便是一道鸿沟,无法听从劝告,做出"欢乐颂"的文章。后者仅从题目上便可见出创作者的意图，作品中的主人公凌瑜，虽然在烦闷悲苦到了极处时起了自杀的念头，虽然在"天使的影子"的指引下走向光明，但那毕竟是一种虚幻，世界上的光与爱，需要"青年自己去寻找"。

与母亲和弟弟合影（1920）

三　弃医从文

冰心就读燕京大学时的女校校门（1920）

冰心所在的华北协和女子大学，于1920年3月，正式并入燕京大学，成为燕京大学女校。自1918年秋天进入协和女子大学理预科学习，至1920年夏天，谢婉莹应该完成了预科的课程，秋天即可正式进入大学，实现当医生的梦想。但是，这个梦想未能成真。预科的完成，不仅需要考试，同时需要参考平时实验的成绩。凭着谢婉莹的聪慧，考试应无问题，但实验的课却是过不去了。五四运动那段时间，由于上街游行、演讲、宣传，还有赈灾募捐，落下了一些解剖实验课，其他的课尚可补上，解剖实验课却无法补，不可以想象将一只等剖的兔子放置几天，也不可能为了一个学生的补课而另剖一只。实验课在理预科为基础课，实验课的缺席，对升学将意味着什么？

　　立志学医的理预科学生谢婉莹走到了人生的十字路口：是继续学医还是学文？学医，在预科还得多学一年；而学文，原本无准备，由于在五四运动中有出色的表现，便有了优势——仅是小说便已发表了15篇，且都登在《晨报》上，而在《晨报》改版一周年的庆典时，竟然有19岁女学生写的纪念文章，与胡适、鲁迅、周作人的在同一个版面上（1919年12月1日《晨报创刊周年纪念增刊》"文艺"栏刊发纪念文章的排列次序为：胡适《周岁》、冰心女士《晨报……学生……劳动者》、鲁迅《一件小事》、俄人库普林作/起明译《圣处女的花园》）。当时燕京大学国文系主任是陈哲甫，又是燕大季刊的编辑，对谢婉莹自是熟悉。因而，冰心经过慎重考虑并征得父母亲同意后，表达了希望转入国文系的愿望，不仅受到了欢迎，而且跳过本一，直接升入本科二年级，与贝满中学比自己高一届的陶玲、黄世英成了同班同学。

　　从此，中国少了一名良医，却多出了一名作家，一名家喻户晓的女作家。

　　并入燕京大学、弃医从文的谢婉莹，可说是进入了一个自由的境界。功课与理预科相比，轻松多了，依然可以不住校，有的课程，如社会学、心理学等，依然可以在女校上课，而有的课程，如哲学、教育学则要到男校上课，从中剪子巷到燕大男校所在地崇文门内的盔甲厂，比到女校所在地灯市口佟府夹道要远得多，但海军少将谢葆璋家有专车，每天由高高大大的王祥拉着那辆漂亮的洋车，将海军公主送到男校或女校的门口，冰心便会趁着没有熟人时下车，急匆匆地进到校园，有时去教室，有时奔图书馆，有时则到阅览室，有时还可能去临时集合地开会，等等。

进入大学之后，冰心成了活跃分子。燕大有个"学生自治会"，自治会里有许多委员会，每个委员会里谢婉莹都派上了用场，只有一个伙食委员会没有参加，因为她没有住校，自然管不了伙食。在学生会中，谢婉莹负责请名人来校演讲，鲁迅、胡适、吴贻芳……她做主持，开始都由她向同学介绍主讲人，之后便坐在讲台上静静地听。燕大女校还为附近佟府夹道不识字的妇女们，义务开办一个"注音字母"学习班。学生会又派谢婉莹去当校长。于是，她得四出找校舍、招生、请老师，全都一人包办，居然进行得很顺利。开学那一天，校长"训话"，讲台前坐的都是中年妇女，只前排右首坐着一个十分聪明俊俏的姑娘。课后她就过去和她搭话，女学生佟志云，18岁，佟王后裔，识得字，只不过也想学学注音字母，她反问谢婉莹："校长，您多大年纪了？"婉莹只得笑着说："反正比你大几岁呢！"想以此保持一点做校长的"尊严"。

那时的学生在服务社会的感召下，热心社会福利与公益活动，每办一项，都得学生自治会自己筹款。最方便最容易的筹款，就是演戏卖票！连莎士比亚的《威尼斯商人》《第十二夜》都敢上演，用英文演出，这在今天的大学是不可思议的事情，但当时他们照样上演，照样有人掏钱看戏。

1920年秋天，北方五省遭受百年未遇的大旱。那时，学生的社会责任感强，救国助民亦当己任。燕京大学男女校的"青年会"开展了赈灾义演活动，将所筹之款全部捐献给灾民。他们选择了比利时剧作家莫里斯·梅特林克的童话剧《青鸟》作为演出的剧目，冰心不仅参与了剧本的翻译，还在剧中担任了角色。11月27日，在米市"青年会"举行首场演出，700多个座位，座无虚席，为灾民募捐到1000多元钱。据说，鲁迅还陪同俄国盲诗人爱罗先珂来看演出，鲁迅还写文章说，爱罗先珂先生说某一出戏燕京大学演得比北京大学好得多。为此还引起了一番争论，北大同学说爱罗先珂先生是个盲人，怎能"看"出演出水平的高低？

为了这次赈灾，为了践行燕京大学"以真理得自由而服务"的校训精神，冰心和她的同学们，3人一组，抱着扑满，走向北京的街头，在天安门、东单、西单，在行人多的地方，站在

12月的寒风中，向行人募捐、请行人施舍，直到自己被冻僵。当各路人马回到学校，将扑满砸开，面对那白花花的钱币时，暖流才回到了自己的身上。海军少将的女儿，从来没有为自己的吃喝发愁，也没有做苦力的经历，但此时，她觉得兴奋。当这个赈灾活动结束后，燕京大学出版了《燕大青年会赈灾专刊》，冰心撰写了发刊词。

北京大学在五四新文化运动中，不但涌现出诸多的领袖，同时，学生所办的《新潮》等刊物也影响极大。由于司徒雷登一心要将燕大办成一流的大学，他在草创之初忙于聘请教师、募集资金、选择校园的同时，仿效北大，放手让得风气之先的学生编辑出版刊物，刊名就叫《燕大季刊》，逢3、6、9、12月出版。编辑委员会中的许地山、瞿世英、熊佛西来自男校，女校便由谢婉莹一人代表，陈哲甫教授算是来自教师方面的代表。

《燕大季刊》实际上就是本校学生的刊物，提供自由发表意见、主张、思想与作品的园地，但创刊之初，几无稿件，更不要说为新文化运动助威呐喊。司徒雷登完全没有精力来管理刊物，他能做的就是保障刊物出版的经费，文章之事，全部拜托给了编委会。因而，许地山、瞿世英、熊佛西、谢婉莹等的责任特别重大，组不到稿，便自己写稿，将版面填满。创刊号

3月出版，协和女子大学与燕京大学合并之事，自然也是刊物的重头戏，内容自然丰富，但出版一期之后，便是1920年的暑期，季刊的第二期（6月）、第三期（9月），均在暑期中。刚创刊的刊物，既无来稿也无积稿，同学大多不在北京，恰又遇上了直皖战争爆发，邮路也不通，刊物"几乎要入枯鱼之肆了"，这个时候，已经决定转入国文系的谢婉莹"独任其难"，不分白日黑夜写稿，仅《燕大季刊》第一卷第三期（9月出版），便有她7篇文章，其中有散文《遥寄印度哲人泰戈尔》《画——诗》，小说《一个忧郁的青年》，杂感《译书的我见》《解放以后责任就来了》《怎样补救我们四周干燥的空气》，以及与瞿世英合作的社会调查《北京社会的调查》。全部署名为谢婉莹或婉莹，只有《遥寄印度哲人泰戈尔》用了"阙名"，"冰心"二字仍未露面，她还是不想让燕大的同学，知道谢婉莹便是冰心女士。下一期，仍然是以婉莹的名字刊文6篇：杂感《圈儿》《我》，诗《影响》《天籁》《秋》，论文《文学家的造就》。

转入国文系的谢婉莹，更是激情喷发，写作不再是副业，平时心思都在上头，不仅写小说，写诗、写杂感，随手拈来皆成文章。1920年的暑期，天高气爽，谢婉莹觉得阳光灿烂极了。

四　加入文学研究会

1921年1月4日在北京成立"文学研究会"与1921年1月在上海改版《小说月报》，是中国现代文学史上两个重大历史事件，这两个重大历史事件是同一班人在北京与上海两地发起的，可见当时新文学力量的影响与活跃。文学研究会发起者最积极的联络人是郑振铎，当时还是铁路管理学校的学生，自然也是五四新文化运动的活跃分子，因为时常与一些作家、学者联络，萌生了成立一个文学社团的念头。于是，四出联络到了最初的11位发起人：周作人、朱希祖、耿济之、瞿世英、王统照、沈雁冰、蒋百里、叶绍钧、郭绍虞、孙伏园、许地山，包括他自己计12人。这些人并非都在北京，如叶绍钧（叶圣陶）在江苏，沈雁冰（茅盾）在上海，所以文学研究会在北京中央公园来今雨轩成立时，二人未能亲临，倒是有些会员参会了，在来今雨轩前的那张照片上有准确的记载。

文学研究会成立后，郑振铎极想办一个会刊，而此时沈雁冰恰在上海商务印书馆接替王蕴章出任《小说月报》主编，新任主编不是沿袭原《小说月报》消遣性与娱乐性的路子，而要将其改革为新文学的刊物，于是，就想借助刚刚在北京成立的文学研究会的人脉与力量，来实现自己的改刊抱负。在这种情况下，远在上海的《小说月报》也就成了文学研究会不挂名的会刊。《小说月报》的沈雁冰通过郑振铎在北京组稿，文学研究会的郑振铎通过沈雁冰在上海发稿，南北合作，一时造成了新文学的风云际会。

冰心未出席来今雨轩文学研究会成立大会，但由于她的创作与文学研究会的宗旨颇为一致，同时，仅在发起人中便有燕大季刊社的瞿世英、许地山，早已相识的福建长乐同乡郑振铎，因而，文学研究会第一批会员中便有编号为74号的冰心。

文学研究会成立的"宣言"，提出带有宗旨性的"三种意思"：一是"联络感情"，二是"增进知识"，三是"建立著作工会的基础"。冰心基本不参加这些会务活动，但对她的约稿，却能认真完成。《小说月报》革新后的第一期，即12卷第1号，与文学研究会成立同步，实际上稿约在此之前，由郑振铎等人分头进行（革新后的《小说月报》作为文学研究会的代会刊，解决了主编的燃眉之急。沈雁冰在获得了北京方面的支持之后，立即在11卷12号的《小说月报》上，在《本月刊特别启事五》中列出了革新后《小说月报》的创作群体："本刊明年起更改体例，文学研究会诸先生允担任撰著，敬请到诸先生之台名如下：周作人、瞿世英、叶圣陶、耿济之、蒋百里、郭梦良、许地山、郭绍虞、冰心女士、郑振铎、明心、庐隐女士、孙伏园、王统照、沈雁冰"）。向冰心约稿的是许地山、瞿世英，在燕大季刊社说定。那时，冰心沉浸在"圣诗"的写作氛围中，依据《圣经》写作她的《傍晚》《黄昏》与《黎明》等圣诗，给《小说月报》的稿子不能是诗，但《圣经》的故事与教义，依然盘桓于思维里，雨夜清光中，忽然看见"墙上画中的安琪儿。——这白衣的安琪儿，抱着花儿，扬着翅儿，向着我微微的笑"。这回冰心的思绪，并未停留于宗教描写，而是迅速转入了尘世，默想中出现了5年前的一个画面："一条很长的古道。驴脚下的泥，兀自滑滑的。田沟里的水，潺潺的流着。近村的绿树，都笼在湿烟里。弓儿似的新月，挂在树梢。一边走着，似乎道旁有一个孩子，抱着一堆灿白的东西。驴儿过去了，无意中回头一看。——他抱着花儿，赤着脚儿，向着我微微的笑。"又出现10年前的一个画面："茅檐下的雨水，一滴一滴的落到衣上来。土阶边的水泡儿，泛来泛去的乱转。门前的麦垄和葡萄架子，都灌得新黄嫩绿的非常鲜丽。——一会儿好容易雨晴了，连忙走下坡儿去。迎头看见月儿从海面上来了，猛然记得有件东西忘下了，站住了，回过头来。这茅屋里的老妇人——她倚着门儿，抱着花儿，向着我微微的笑。"

写作是诗人、放学是女儿、台上是演员,自由的生活造成了她的文学成就。《笑》的写作背景(1920)

冰心想象中的尘世画面与宗教画面虽有所别,但那氛围亦如宗教般的纯净,绝对不是当时那种时髦的、描写工农大众笔墨所显示出的苦难与无奈,他们是一个孩子、一个老妇人,但他们又是安琪儿世俗的延伸。于是,便有了如下的言语:

> 这时心下光明澄静,如登仙界,如归故乡。眼前浮现的三个笑容,一时融化在爱的调和里看不分明了。

哪里分得清宗教与尘世?

稿件由郑振铎打包寄往上海,出乎意料的是冰心那篇简短的《笑》,被主编排在了"创作"栏目中的头条,之后依次是文学研究会诸公叶绍钧、许地山、慕之、潘垂统、瞿世英与王统照的作品。沈雁冰之所以将《笑》排在他革新后期刊的头号、"创作"栏的头篇，除了冰心以现代白话语言、温婉纯净的笔墨，使得《笑》给人以耳目一新外（与其革新后刊物的面貌相一致），同时还寄寓了他的深意。3个月后，冰心的小说《超人》来了，这回主编不仅将其排在"创作"栏目的首篇，并且以"冬芬"的笔名加了一个有些煽情的附注："雁冰把这篇小说给我看过，我不禁哭起来了！谁能看了何彬的信不哭？如果有不哭的啊，他不是'超人'，他是不懂得吧！"（《小说月报》第12卷第4号）也就是说看了这个小说的人都得哭，不哭者便是没有读懂"超人"，可见主编对冰心送来的第二篇作品的器重。在这一年里，冰心给《小说月报》的另外三篇小说，《爱的实现》刊于第7号"创作"栏头条，以下依次为王统照、朱自清、孙梦雷、落华生、庐隐女士、叶圣陶，而《最后的使者》与《离家的一年》同时占去第11号的头条与次篇。雁冰先生真是厚待冰心女士，不仅给了最大方的版面，而且给了最优裕的位置。冰心女士只要有作品，必排头条！

《超人》发表后，主编沈雁冰再出新招，即从下一号（第12卷第5号）开始，开设"第一次特别征文"，征求对冰心女士的《超人》《低能儿》与落华生《命命鸟》的批评，也就是通过这种与读者互动的方式,吸引人们的眼球。这三篇小说,《超人》发表的时间晚于后两篇,但主编开列的征文篇目上却排在了第一,"如果加上茅盾对《超人》的附注,很容易看出茅盾对《超人》的青睐,显示了冰心举足轻重的地位",学者朱水涌如是说。因而这次征文所得的文章,收到大量的对《超人》对冰心女士的话语,《超人》的发表也就成了一件当年文坛上轰动性的事件。

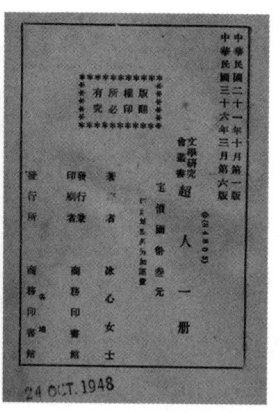

小说集《超人》的再版本(1947)

五　泰戈尔与《繁星》《春水》

《繁星》初版本

五四运动之后，中国文化空前活跃，西方的各种思想、观念、思潮、文学作品大量涌入，五四运动不仅是一场社会与政治的运动，更是一次思想解放的运动，马克思、易卜生、杜威、罗素、托尔斯泰、契诃夫、泰戈尔、尼采，等等，分别以英文、俄文、日文或者翻译成了的中文，摆在了中国知识分子面前，任何人都有接受的自由、选择的自由、思想的自由以至创造的自由。冰心就是在这样一个大的环境下，在她的中剪子巷四合院中的北屋南窗下，贪婪地阅读，自由地吸收。她说，大学的课程她在学校完成，回到家便是自己的世界自由的天地。她不必为家事分心,也不必为油盐柴米担忧,享受着双重的自由——社会的自由与家庭的自由。在这个自由的天地中,冰心与泰戈尔相遇了,并且很快就进入了他的世界,喜爱上了他的诗,同情着他的人生,并且认为自己与泰戈尔在"梵"中合一了。

> 在去年秋风萧瑟、月明星稀的一个晚上,一本书无意中将你介绍给我,我读完了你的传略和诗文——心中不作别想,只深深的觉得澄澈……凄美。
>
> 你的极端信仰——你的"宇宙和个人的灵中间有一大调和"的信仰;你的存蓄"天然的美感",发挥"天然的美感"的诗词,都渗入我的脑海中,和我原来的"不能言说"的思想,一缕缕的合成琴弦,奏出缥缈神奇无调无声的音乐。
>
> 泰戈尔!谢谢你以快美的诗情,救治我天赋的悲感;谢谢你以超卓的哲理,慰藉我心灵的寂寞。
>
> 这时我把笔深宵,追写了这篇赞叹感谢的文字,只不过倾吐我的心思,何尝求你知道!
>
> 然而我们既在"梵"中合一了,我也写了,你也看见了。
>
> (《遥寄印度哲人泰戈尔》)

在一个8月初秋的夜晚,一个19岁的中国姑娘在她的窗前,写下了她对印度哲人泰戈尔的感想。"遥寄"也是一种寄,并且是一种在"梵"的世界中可以看得见的寄语。

从冰心后来的情况看,当时读的哪一本书也许并不重要,重要的是她走近了泰戈尔,泰戈尔也救治了她。也就是说,冰心是在新思想新观念大量涌入面前,选择了兼具宗教思想家、哲学家、诗人、小说家与戏剧家的泰戈尔。冰心对泰戈尔的接近与喜爱,亦如陈独秀对马克思、鲁迅对尼采、胡适对杜威、巴金对克鲁泡特金,怎么评价都不为过。如果以我的清点,起码可以列出:思想启蒙者、文学观念的来源与组成部分、翻译作品的资源、小诗写作的引路人等,最为显性的影响,便是直接催生了《繁星》与《春水》。

冰心自署《春水》封面

《春水》第一首小诗手稿

但是，《繁星》的写作却是很随意、很自由也很轻松的，绝对没有那种"语不惊人死不休"或是"推"还是"敲"之类的中国传统诗歌写作的故事。让我们做一次情景再现：北京中剪子巷寒冷的冬夜，冰心和她的弟弟们围着火炉，阅读着泰戈尔的《迷途之鸟》，因为是英文本，冰心得随时翻译并读给弟弟们听，13岁的大弟弟忽然想起姐姐平日里的话，便兴起地对姐姐说："你不是常说有时思想太零碎了，不容易写成篇段吗？其实也可以这样收集起来。"姐姐果然受到启发，从那时起，只要有诗意、有哲理的断想，便记在一个小本子里或零星的纸头上。

　　童年呵！
　　是梦中的真，
　　是真中的梦，
　　是回忆时含泪的微笑。

夜里，忽然忆起烟台的童年，便有了一些句子，便写在了那个小本子上；早上起来，照着镜子，忽然感觉不怎么自然，便将这段话写在了纸头上：

　　镜子——
　　对面照着，
　　反而觉得不自然，

不如翻转过去好。

人类呵！
相爱罢，
我们都是长行的旅客，
向着同一的归宿。

这里没有具象，却是有些韵味，便在王祥的车里涂鸦起来；回家见到母亲，发现她脸上的忧愁，便悄悄地记下这么几句话：

母亲呵！
撇开你的忧愁，
容我沉酣在你的怀里，
只有你是我灵魂的安顿。（以上分别为《繁星》之二、六、十二、三十三）

整个一部《繁星》，164首，基本都是这样产生的。

从1919年寒冬至1921年底，这种零星的写作积累了两年，1922年新年的第一天，在《晨报副镌》编辑上门邀稿时，才被唤醒，开始以《繁星》集束陆续发表。冰心女士的新作，以《繁星》命名的小诗，自然可引起读者的注意。而鲁迅的《阿Q正传》自1921年12月4日开始连载，直到1922年2月12日登完，《繁星》从1922年1月1日至26日，164首小诗，刊登完毕，与《阿

Q正传》后四章同时出现在《晨报副镌》上。《繁星》的幸运还不仅于此，北京《晨报副镌》连载尚未结束时，上海《时事新报·学灯》自1月18日也开始连载，南北两地、古老与现代的两座大都市，《繁星》闪烁，交相辉映。

一部不经意的诗集，两地连载，全国开花，这对一个仅有21岁的女大学生而言，是一个多了不起的鼓励呀！那段时间，冰心时常可以在同学中听到对《繁星》的议论，阅览室里，有的同学总是直奔《晨报副镌》中的《繁星》而去，吴文藻所在的清华学校，竟然有人将连载的报纸开了天窗，每一首《繁星》都剪下来，最后以宣纸将其装裱。而在冰心的内心，仍然有许多"零碎的思想"，从而又催生了《春水》。

依然如《繁星》的开头，将"春水"二字置在首行：

春水！
又是一年了，
还这般的微微吹动。
可以再照一个影儿么？

春水温静的答谢我说：
"我的朋友！
我从来未曾留下一个影子，
不但对你是如此。"

"可以再照一个影儿么"，表示了《春水》承接了前一部诗的形式、情感与内容，只是写作的方法发生了变化，前一部经过两年多的时间，后一部属突击完成。从3月5日（1922年）起笔，到6月14日完稿，前后100天，成诗182首，每天将近两首。《晨报副镌》从3月21日开始刊登，每日刊登几首，随来随登，没有便隔几天，让读者也有期待，直至6月30日刊登最后的第182首，画上了优美的休止符。

《春水》尚在连载之时，刚刚受聘燕京大学任中国文学史课程教授的周作人先生，应燕京大学文学会的邀请，来为学生做演讲。周作人在五四时期与他的兄长鲁迅一样，是重要的文化名人，他来演讲，自然受欢迎，不仅是文学院，理学院与神学院都来了不少人。周作人除教课、做研究、办刊物之外，自己也写诗，他在1919年写作的长诗《小河》，胡适评价为"新诗中的第一首杰作"。他对《晨报副镌》连载的《繁星》与《春水》，自然是要关注的，自然也是要发表意见的。6月19日，借了这次演讲的机会，专门谈起了小诗，然后直指冰心：

> 冰心女士的《繁星》，自己说明是受泰戈尔影响的，其中如六六及七四这两首云：
>
> 深林里的黄昏，
>
> 是第一次么？

又好似几时经历过。

婴儿，
是伟大的诗人，
在不完全的言语中，
吐出最完全的诗句。（周作人《论小诗》，《晨报副镌》1922年6月21日、22日）

周作人选了这两首，作为代表作。那时他刚来校，知道冰心女士，却不知谢婉莹就是她，而此时，他的学生冰心女士正在台下听他的演讲呢！

《繁星》连载完成后，上海的文学研究丛书将其编入丛书之一，单独印行出版，稍晚，北京的新潮社决定印行《春水》，将其列入"新潮社文艺丛书"之一种，新潮社请周作人经手。得到周先生的告知后，冰心以毛笔小楷竖行写在无格宣纸上，完成《春水》小诗182首的手抄，时间落款为"三、五一六、十四，一九二二"，线装成册后，自署书名"冰心女士著/春水/新潮社文艺丛书"后，面交周作人先生。在新潮社排版之后，周作人要回了冰心的手稿（他是最早主张保留冰心手稿的人），上面多了个"岂明经手"的印章，便留在了身旁。直到1939年10月5日，周作人整理书斋时无意间翻到冰心1922年的

第二章 五四惊雷，震上文坛

燕京大学毕业照（1923）

《春水》手稿，遂又做了一个封面，寄赠给曾来华求学的日本学者滨一卫。并写了一个说明："此冰心女士小诗集春水原稿，今秋整理书斋于故纸堆中觅得，转眼已十六年矣，特为装订寄赠　滨一卫君　知堂（印章）"，落款为"中华民国廿八年十月七日在北平"。这个手稿后来珍藏在日本九州大学图书馆滨一卫文库，直到2017年周作人的孙子周吉宜整理祖父日记时，发现了这一记载，遂有学者寻踪找到了这部《春水》，成为中国读者见到的冰心最早最完整的手稿。（周吉宜《冰心与我祖父周作人的早期交往》，《中国现代文学研究丛刊》，2018年第4期）当然这是后话了。

1923年1月与5月，《繁星》与《春水》分别在上海与北京出版，两部小诗永远留在中国现代文学版图中，之后，便是未改过一字的无休止的重版、再版，直到今天。

在创作大丰收的同时，冰心也完成了大学本科学业。她的毕业论文选择了自己并不熟悉的元代戏曲，想趁写作论文机会，多读些戏曲多看一些文献资料。指导老师是周作人，"我把论文题目《元代的戏曲》和文章大纲，拿去给周先生审阅。他一字没改就退回给我，说'你就写吧'。于是在同班们几乎都已交出论文之后，我才匆匆忙忙地把毕业论文交了上去"。

就在冰心准备毕业论文的时候，英文老师鲍贵思（Grace Boynton）对她说，美国威尔斯利女子大学已决定给她两年的奖学金，每年800美元的学、宿、膳费，让她读硕士学位。当她将这个意向告诉冰心，并征询她的意见时，冰心回答干脆：

鲍贵思是冰心在燕京大学的英语老师，也是她宗教的引路人，右2为鲍贵思（1922）

"我当然愿意。"

燕京大学1923届的毕业典礼,于6月4日举行。典礼上,有教员与学生500余人出席,司徒校长两天前从美国赶回来,就是为了出席毕业典礼,此时,他站在礼堂的讲坛上,分别以中文和英文致辞。冰心在她的晚年则平静地回忆道:"在毕业典礼台上,我除了得到一张学士文凭之外,还意外地得到了一把荣誉奖的金钥匙。"[《我的大学生涯》,关于金钥匙奖(Golden Key Student)]金钥匙奖是燕京大学中国裴德裴荣誉学会设立的,冰心为第一位获此荣誉的女学生。而在一个月之前,小说集《超人》作为"文学研究会丛书"之一,由上海商务印书馆出版发行,连同诗集《繁星》与《春水》,作为一个刚刚毕业

燕京大学毕业演出后与同学留影(1923)

的女大学生，冰心已握有3个著作版本了。

5年的大学生活（包括理预科两年），冰心以一个女学生的身份，在以优异成绩完成大学学业的同时，跻身文学作家之林，成为知名度很高的五四新文学的骁将，不仅造就了她自己的文学高峰，而且为中国新文学的宝库增添了另一样的色彩，使得整个五四新文学呈现出多样性！

第三章 留学美国

慰冰湖的枫树下（1925年）

一　别离与催生《寄小读者》

在赴美留学的约克逊总统号邮轮上（1923）

自冰心确定前往美国留学的那一刻起，别离的愁绪便笼罩着中剪子巷的谢家大院。对于冰心，虽然她那时已名满京华，却是一个从未离开过家的孩子，一个没有离开过母亲的女儿，而对于这个家庭，这座大院，则像是被人取走了他们共同拥有的"一颗明珠"，3个弟弟的依靠与偶像，海军少将谢葆璋与夫人的精神寄托。离愁别绪虽然笼罩好几个月，彼此心里明白，却是谁也不曾捅破，憋在各自的心底。但是，随着别离的临近，尤其是7月17日，威尔斯利女子大学以"特别学生"正式录取函寄达谢家大院时，那种离愁别绪便如抽丝飘起，再也憋不下去。

先是外出与友人告别，回到家中泪痕未干，又要面对沉默无语的母亲，灯光下母亲的针线活，在中国传统的文化中有着象征意义，弟弟们的呆望更让姐姐无法承受，便只得走进自己的房间，关起门来，扶着书架，独自流起了眼泪。有时悲伤袭来，饭也不吃，躺在床上装睡；有时夜来不能入睡，便独至琴房，拧亮琴灯，心不在焉弹琴，哪能成调？指法错乱，甚至是反复地按着琴键，也不知道什么时候停了。

弟弟们虽然舍不得姐姐离去，却是处在不知愁滋味的年龄，甚至幻想替代了愁绪：13岁的小弟弟谢为楫，一日神秘地说："姊姊，你走了，我们想你的时候，可以拿一条很长的竹竿子，从我们的院子里，直穿到对面你们的院子去，穿成一个孔穴。我们从那孔穴里，可以彼此看见。我看看你别后是否胖了，或是瘦了。"有时，弟弟们还要求姐姐给他们写信，随时报告地球那一边的故事，正是这个要求，促成了中国现代文学史上一部重要作品的产生。

鉴于中国几无儿童读物的现状，冰心多次向《晨报》建议，希望能开辟专栏，为儿童世界的小朋友提供读物。却是没有想到，就在她愁绪满结之时，《晨报》"儿童世界"栏目登场。栏目的开列不仅与弟弟们的请求契合，即将的远行，也使得自己有了写作的素材，而给弟弟们的信扩大开来，对象便是广大的小朋友小读者了。愁绪中抱病时，一时懒得动笔的冰心，在看到《晨报》"儿童世界"栏目后，立时镇静了一下，提笔写信，用的称呼不是亲爱的小弟弟，而是"似曾相识的小朋友"，以此显示，冰心已决定将给弟弟们私密性的通信，变为公开的写给小朋友们的文学作品。

离别的情景，冰心自书如下：

> 外面门环响，说："马车来了。"小朋友们都手忙脚乱的先推出自行车去，潜拿着帽子，站在堂门边。
>
> 我竟微笑了！我说："走了！"向空发言似的，这语声又似是从空中来，入耳使我惊懔。我不看着任一个人，便掀开帘子出去。
>
> 极迅疾的！我只一转身，看见涵站在窗前，只在我这一转身之顷，他极酸恻的瞥了我一眼，便回过头去！可怜的孩子！他从昨日起未曾和我说话，他今天连出大门来送我的勇气都没有！这一瞥眼中，有送行，有抱歉，有慰藉，有无限的别话，我都领会了！别离造成了今日异样懂事的一个他！今天还是他的生日呢，无情的姊姊连寿面都不吃，就走了！……
>
> 走到门外，只觉得车前人山人海，似乎家中大小上下都出来了。我却不曾看见母亲。不知是我不敢看她，或是她隐在人后，或是她没有出来。我看见舅母，嫂嫂，都含着泪。连站在后面的白和张，说了一声"一路平安！"声音都哽咽着，眼圈儿也红了。

坐车，骑车的小孩子，都启行了。我带着两个弟弟，两个妹妹，上了车，车门砰的一声关上了。马一扬鬣，车轮已经转动。只几个转动，街角的墙影，便将我亲爱的人们和我的，相互的视线隔断了……

我又微笑着向后一倚。自此入梦！此后的都是梦境了！

(《往事》二)

对此告别的情景，冰心当时便生感叹："只这般昏昏的匆匆的一别，既不缠绵，又不悲壮，白担了这许多日子的心了！"颇有一些自嘲的味道。

车出中剪子巷，上了铁狮子胡同，一行车马，向着西直门车站绝尘而去。冰心坐在车中，虽有两弟弟为伴，正如她自己所云，依然如在梦境。这个从未离开过家、离开过父母亲的女孩子，现在要独自远行，到地球的另一边去，在交通与通信都不发达的20世纪初叶，虽不能说前途未卜，确有许多不确定的担忧。

位于西城的西直门火车站，为京包铁路的起点，京津线的火车也从这里发车。这座由留美归来的工程师詹天佑设计建造的车站，形状犹如航船。冰心一行人从车上下来，进入船形的站室，休息等候。由于购的是头等包厢的车票，故有站员引道，优先进入车厢，直至行李安顿好后，自己似乎还在梦中。两个弟弟泪眼汪汪地站在一旁，火车就要开了，也都没有顾得说上句安慰的话，仅仅是将小小的脸庞双手托起随后又放下，就这样做了最后的告别。

车出天津，便是津浦道了。夜色开始围笼起奔突的火车。冰心关上包厢的车门，室里只有她一人，却是怎么也睡不稳，几次起来挑窗，望着"模糊的半圆的月，照着深黑无际的田野"。车近江南时刻，冰心的情绪才变得欢快起来，她说她不再在梦中了，她清楚地意识到快乐的旅行开始了。于是，在海军少将特意为远足的公主订下的包厢里，"我靠在长枕上，近窗坐着。向阳那边的窗帘，都严严的掩上。对面一边，为要看风景，便开了一半。凉风徐来，这房里寂静幽阴已极。除了单调的轮声以外，与我家中的书室无异。窗内虽然没有满架的书，而窗外却旋转着伟大的自然。笔在手里，句在心里，只要我不按铃，便没有人进来搅我"。

在行驶的小屋里，冰心展开纸，提起笔，写下了"亲爱的小朋友"，记下了沿途的见闻：一路往南，浮云蔽日，轨道旁时有小湫，也有小孩在水里洗澡游戏，小女孩则戴着大红花，坐在水边树底做活计，"那低头穿线的情景，煞是温柔可爱"。车过南宿州至蚌埠，轨道两旁，雨水成湖。"湖上时有小舟来往。无际的微波，映着落日，那景物美到不可描画。"从此之

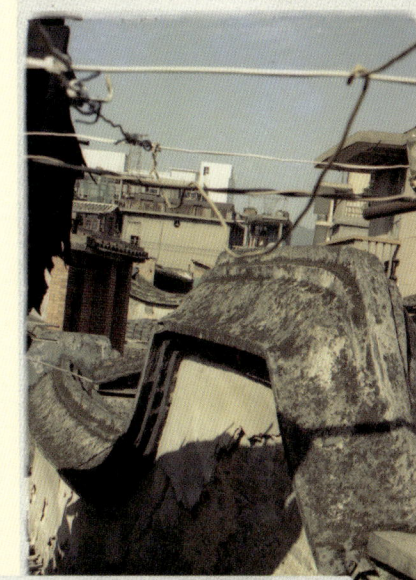

冰心出生房子的最后一堵残墙
（1993摄）

福州杨桥路上的冰心故居。1911年至1913年，
冰心曾居于此。（2007）

威校圣卜生医院
（2006年摄）

慰冰湖（2010年摄）

威校女生宿舍接待室（2006年摄）

威校校园（2010年摄）

与《冰心全集》同时出版的《冰心论》（1932年版）

继续为孩子们写作，《小橘灯》初版本

从湖北潜江五七干校
重返校园（1972 摄）

会见日本作家井上靖（1980）

写作中的冰心（80年代）

晚年相伴的猫咪

老作家认真创作,猫博士仔细审阅。

主人与客交谈,咪咪伏案细听。

与赵朴初陈邦织夫妻

冰心吴文藻合葬于北京八达岭下

后，上下车人的口音变了，北京、山东的乡音渐远，不免渐渐地陌生心怯起来。

　　车过南京（浦口），是在夜间，在此需要换车，津浦线至此，过渡后便是沪宁线，上下车之顷，可见隔江市区的灯火灿然，还有"长桥下微击船舷的黄波浪"。对苏州的描写，则是极尽诗意画境："窗外风景，浸入我倦乏的心中，使我悠然如醉。江水伸入田垄，远远几架水车，一簇一簇的茅亭农舍，树围水绕，自成一村。水漾轻波，树枝低亚。当几个农妇挑着担儿，荷着锄儿，从那边走过之时，真不知是诗是画！" 5 日早间七时半，火车抵达上海车站，表兄刘放园早在上海安家，专车前来迎接。其女儿刘纪华等一伙小友，拥着姑姑走出了站台，令冰心生出欢喜来。

二　横渡大洋的邮轮

乡愁中的冰心

她是翩翩的乳燕,

横海飘游,

月明风紧,

不敢停留——

在她频频回顾的

飞翔里

总带着乡愁!

这是冰心在《往事》(二)中的题词,也是离别家国时的真实情感。约克逊总统号邮轮带着一船的乡愁,离开了那片海棠叶形般祖国的海岸,驶入近太平洋海面。

第三章 留学美国

约克逊总统号邮轮，一下子载走了一船中国未来的精英。环顾一下站在头等舱平台上的人吧，未来的：文理大师顾毓琇（一樵）、文学家与翻译家梁实秋、外交家李迪俊、心理学家孙国华、社会学家吴景超、政治学家张忠绂、军事学家孙立人、陆军中将齐学启、戏剧家与翻译家熊式一、细胞遗传学家和作物育种学家李先闻、报人赵敏恒、声乐家与作曲家应尚能、建筑大师陈植、比较文学大家方重、文学家与宗教学家许地山等，再就是冰心与吴文藻（未来的人类学、社会学家）了。他们将对日后中国的文学、文化、教育、思想、历史与心灵史等诸多方面产生深远的影响。

约克逊总统号邮轮同时也是交际的平台，那些未来的精英人物，开始在这个平台上相识与交往。头等舱的甲板上，中国留学生成群结队地出现，无论是北京的清华，还是上海的圣约翰，不同群体的交谈，都会带出"冰心女士"4个字，这个近4年常常在报刊上出现的名字，这个被猜测被猜想的女士，这个明星般的女作家，现在就在同一条船上！

约克逊总统号邮轮，驶在近太平洋。秋日的海面，平静如镜，蓝极绿极，舟如行于冰上，凉风习习，头等舱的甲板上，留学生们三五成群，或眺望海景，或玩着套圈子抛沙袋的游戏。冰心这才想起临行前收到中学同学吴搂梅的信，说她弟弟吴卓也是这一届清华学生，可能同船出国，希望给予关照。虽然甲板上见面都很自然，但直接到清华男生的船舱中去找人，还是觉得不便。上船之后，许地山就像保护人似的跟在身边，冰心便求助于他。

许地山自是乐意，颤颤悠悠地很快便将吴先生找来。吴先生来到甲板时，冰心与陶玲等人正在抛沙袋，冰心说，一块玩吧，看谁抛得远呢。看看人多起来，便分了两个组，吴先生自然和冰心分在一组，抛过沙袋，便又靠在栏旁，望着海面风景，冰心就像大姐姐般问起吴先生，晚上睡得可好？晕不晕船？说，你姐姐写信，说你也乘这班船出国，方知你在船上……冰心快人快语，吴先生只是讷讷地点头，但当他听到姐姐写信之事，便觉十分诧异，吴先生反问，家姐写信？她并不识字！这回让冰心感到奇怪了，你姐不在美国？还是我贝满的同学呢。你是不是叫吴卓？吴先生这才恍然大悟，并觉得有些尴尬，吴先生说，他不是吴卓，叫吴文藻，吴卓是他的同班同学。冰心知道是许地山找错人了，此吴先生非彼吴先生也。吴文藻就要回去唤吴卓，却被陶玲制止，继续抛沙袋。

玩了一阵，又累了，海面平缓，波光粼粼，冰心的情绪极好，又靠栏说话，吴文藻就在她的身边。这位高挑个儿的青年，看上去挺英俊，听口音为吴越侬语，冰心便知他是江浙人了，顺便问了一些留学的问题。吴文藻告诉她，上一届的同学潘光旦推荐他入 Dartmouth College（达特默思学院），学社会学，之后，吴文藻也问冰心相似的问题，冰心说，自然是想学文学的，准备专修研究英国 19 世纪诗人的课。吴文藻虽不学文，却是"书虫"，有时间就读书，且涉猎的范围极广。当冰心讲到研究英国诗人时，吴文藻便举出了几本英美重要的研究拜伦与雪莱的专著，问是否读过。这一问，可真把当时文名大噪的冰心难住了，但她还是很坦然地回答，说那些书都没有读过。没有想到冰心的坦然引起了吴文藻的惊讶："这么重要的书你都没有读过？"并劝导她，这次出洋，可要多读些书，"你如果不趁在国外的时间，多看一些课外的书，那么这次到美国就算是白来了"。

吴文藻不知轻重，一个毫无建树、刚刚迈出清华门槛的毛头小伙，竟然劝导起大名鼎鼎的女作家来，这下深深地刺伤了冰心，同时也给冰心留下了与众不同的特别印象。这个"阴阳差"的相识，加上"阴错阳差"的进言，却是埋下了日后爱情的种子。

约克逊总统号邮轮出东京湾后，开始驶入太平洋深处。远洋的潮涌与风浪不断在加大，中国留学生大多为第一次出海，晕船者居多，独冰心泰然自若，行走如陆地。甚至在"风浪要来了"的惊呼之中，在众人晕眩、惊慌之际，表现出了幸灾乐祸般的镇定。她不言语，她暗中发笑，她按住无名的喜悦，从容地梳洗，"徐徐的换着衣服，对镜微讴，看见了自己镜中惊喜的神情，如同准备着去赴海的女神召请去对酌的一个夜宴；又如同磨剑赴敌，对手是一个闻名的健者，而自己却有几分胜利的把握"。当人们挟着毡子，纷纷下到舱里，梳洗停当的冰心微笑着走上舱面，听琴，直到琴者与歌者"身不自主一溜的从琴的这端滑到那端去"；她继续去交际室出席男生们举行的谈话会，冰心一见，不少的人都面色无主，掩着口蹙然地坐着，一齐的反侧欹斜。谈话的人"似乎都很勉强，许多人的精神，都用到晕眩上了"，冰心却心神完全飞越，"似乎水宫赴宴的时间，已一分一分的临近；比试的对手，已一步一步的仗着剑向着我走来"。当一个同伴掩着口颠顿地走了出去，又一个也掩着口颠顿地走了出去，之后便是三个、四个……只得由冰心来宣布："我们散了罢，别为着我大家拘束着！"四散之际，冰心从容地走出舱外，灯影下竟无一人，栏外只有狂涛声。

以下是冰心独自而决然的表演：

全船想都睡下了，我一笑走上最高层去。

迎着海风，掠一掠鬓发，模糊摇撼之中，我走到阑旁，放倒一个救生圈，抱膝坐在上面，遥对着高竖的烟囱与桅樯。我看见船尾的阑干，与暗灰色的天末的水平线，互相重叠起落，高度相去有五六尺。

  我凝神听着四面的海潮音。仰望高空，桅尖指处，只一两颗大星露见。——我的心魂由激扬而宁静，由快乐而感到庄严。海的母亲，在洪涛上轻轻的簸动这大摇篮。几百个婴儿之中，我也许是个独醒者……（《往事》二）

  此时的冰心，想到母亲，想到父亲，忆起行前父亲的话："这番横渡太平洋，你若晕船，不配做我的女儿！"现在，在给父亲的信中，冰心自豪地写道："我已受了一回风浪的试探。为着要报告父亲，我在海风中，最高层上，坐到中夜。海已证明了我确是父亲的女儿。"

  邮船继续在太平洋航行，开始几天的新鲜感过去了，该玩的已经玩过，该会的朋友也都会过，船上的生活显得单调起来。于是，一个在中国现代文学史也要留下印迹的《海啸》诞生了，发起者便是梁实秋也。船上出版刊物，清华的梁实秋、顾毓琇们首先想到的便是冰心，自然还有许地山（落华生）了。梁实秋找到冰心邀稿，希望共同来办《海啸》。冰心自是乐意，于是，在每一期的《海啸》上都出现了"冰心女士"的名字。《惆怅》《纸船——寄母亲》《乡愁——示ＨＨ女士》最初便是发表在约克逊号邮船的壁报上：

  我从不肯妄弃了一张纸，

总是留着——留着,
　　叠成一只一只很小的船儿,
　　从舟上抛下在海里。

　　有的被天风吹卷到舟中的窗里,
　　有的被海浪打湿,沾在船头上。
　　我仍然不灰心的每天的叠着,
　　总希望有一只能流到我要它到的地方去。

　　母亲,倘若你梦中看见一只很小的白船儿,
　　不要惊讶它无端入梦。
　　这是你至爱的女儿含着泪叠的,
　　万水千山,求它载着她的爱和悲哀归去。(《纸船——寄母亲》)

落款的日期是1923年8月27日,太平洋舟中。

《海啸》在出了几期之后,船上看的人络绎不绝,大家都觉得质量不错,于是,挑选了14篇,由许地山寄给了《小说月报》。该刊在这年底出版的第14卷第11号上,全部刊出由约克逊号上寄来的《海啸》14篇稿件,从而使后人能够一睹前辈作家当年的风采。这14篇稿的篇目和作者是:

　　海啸　　　　　　　梁实秋

乡愁	冰心女士
海世间	落华生
海鸟	梁实秋
别泪	一樵
梦	梁实秋
海角的孤星	落华生
惆怅	冰心女士
醍醐天女	落华生
纸船	冰心女士
女人我很爱你	落华生
约翰我对不起你	C.Rossetti　梁实秋译
你说你爱	Keats　CHL译
什么是爱	K. Hamsun　一樵译

8月28日,约克逊总统号邮轮进入西太平洋,以美国西部时间计算,便有两个28日的白天,再过两天,约克逊总统号邮轮便要抵达美国西海岸了。相处十几天的留学生们有些恋恋不舍,纷纷留下日后在美联系的地址与电话,冰心留下的是鲍贵思父母家的地址,这是她在美留学的家:默特佛镇火药库街四十六号(46 Powder Honse Street Medford, Mass),电话号码:1146R。大部分留学生留下的则是学校的地址。吴文藻在船上虽然与冰心有些接触与交谈,但也不谈文艺,不谈冰心的作品,

在即将分别之时，吴文藻却给冰心留了地址。

约克逊总统号邮轮在美西时间9月1日早晨，抵达维多利亚（Victoria），从皮吉特湾（Point NO Point Light house）进入西雅图（Seattle），中国的留学生们在此登陆。教育机构、当地华侨与媒体对中国一大批的留学生抵达美国，极是重视与关注，船甫靠岸，便上来了许多人，接待的、照相的、摄影的，"逼我们在烈日下坐了许久，又是国旗，又是国歌的闹了半日"。对此情景，冰心写道：

> 码头上许多金发的人，来回奔走，和登舟之日，真是不同了！大家匆匆的下得船来，到扶桥边，回头一望，约克逊号邮船凝默的泊在岸旁。我无端黯然！从此一百六十几个青年男女，都成了飘泊的风萍。也是一番小小的酒阑人散！（《寄小读者·通讯十八》）

三　威尔斯利女子大学

位于波士顿郊区的威尔斯利女子大学，已经有近半个世纪历史，坐落在湖边起伏有致的山地上，每一幢建筑都是艺术品，不同的立面、门窗与色彩，体现出鲜明的个性，大片绿色的草地，一直延伸到湖岸水边。

冰心入住的闭璧楼，1908年建成，"说也凑巧，我住在闭璧楼（Beebe Hall），闭璧楼和海竟有因缘！这座楼是闭璧捐款所筑。因此厅中及招待室，甬道等处，都悬挂的是海的图画"。其实，还不只是图画，楼下的接待室，还有好几艘船的模型，包括海盗船，玻璃画是西方的传统，闭璧楼中也体现分明，高大的半圆形的立窗，顶上一片便是不同形状的船形彩色玻璃画。冰心不是本科生而是研究生，学校本不安排住宿，但为了照顾中国留学生，专门给冰心安排了一个房间，室内地毯、书架、床铺、书桌一应俱全。行李早已有人从火车站搬运回来，冰心进门时，一件件如数在屋，令她十分感动。

威尔斯利女子大学后来撤销了研究生院，成为标准的文理学院。在20世纪20年代，由研究生院招收学生，采用学分制，

在慰冰湖岸的栏椅上（1923）

完成后可授硕士学位。冰心研修英国文学，当她安顿停当之后，便一头扎进了威校美丽的校园之中，熟悉这里的环境，建立与它们的联系，享受异国他乡的美景，并且与祖国、北京甚至与烟台的生活经历产生联想对比，联想最丰富的便是环绕了半个校园的一湖秋水。

慰冰湖出现在冰心的面前，那一瞬间便让她怦然心动。校园的地图上标注的是 Lake Wabsn，冰心不知先前是否有中国的留学生译过，但她立时觉得可以用"慰冰湖"3个字，谐音会意，又是对自己思乡的一种安慰。因为在海边长大，自己的童话世界里，湖即是海的女儿，见到湖便想到海，想到海便回到家，临湖联海想家，冰心用这种方式寄托自己的乡思。第一次站在 Lake Wabsn 岸边的枫树下，秋风微波，一层一层在向岸边彩色的林带涌去，冰心便想到大海的波浪，涌上来又退下的，都在金色的沙滩，那一刻，恍如回到了童年的芝罘海湾，"慰冰湖"3个字便在此时脱口而出！

> 朝阳下转过一碧无际的草坡，穿过深林，已觉得湖上风来，湖波不是昨夜欲睡如醉的样子了。——悄然的坐在湖岸上，伸开纸，拿起笔，抬起头来，四围红叶中，四面水声里，我要开始写作给我久违的小朋友。小朋友猜我的心情是怎样的呢？
>
> 水面闪烁着点点的银光，对岸意大利花园里亭亭层列的松树，都证明我已在万里外……一声声打击湖岸的微波，一层层的没上杂立的潮石……湖上的月明和落日，湖上的浓阴和微雨，我都见过了，真是仪态万千……每日黄昏的游泛，舟轻如羽，水柔如不胜桨。岸上四围的树叶，绿的，红的，黄的，白的，一丛一丛的倒影到水中来，覆盖了半湖秋水。夕阳下极其艳冶，极其柔媚。将落的金光，到了树梢，散在湖面。我在湖上光雾中，低低的嘱咐它，带我的爱和慰安，一同和它到远东去。（《寄小读者·通讯七》）

这是冰心入校后不久，在慰冰湖的观湖亭给小朋友写的通讯，第一次将慰冰湖的万千仪态传递给了故国的小朋友，告诉小朋友她在黄昏的落日里湖中泛舟，在湖岸聆听湖水的微波，在夕阳中感受湖的光影，托给湖面的雾，带去她的思念与乡愁……"海好像我的母亲，湖是我的朋友。"冰心做了另一种的比喻，"我和海亲近在童年，和湖亲近是现在。海是深阔无际，不着一字，她的爱是神秘而伟大的，我对她的爱是归心首的。湖是红叶绿枝，有许多衬托，她的爱是温和妩媚的，我对她的爱是清淡相照的"。与海相比，虽然爱湖不及爱海，但慰冰湖的"温和妩媚"，与之相对应的"清淡相照"，几乎成了冰心留学美国生命不可或缺的亲密朋友。无论是课余还是饭后，是落日还是艳阳，是雾是雪，是冰是凌，是风是雨，都有一个东方女子的身影出现在湖畔，出现在湖岸，出现在湖的水影里。冰心在给二弟的信中说："慰冰湖更是我的唯一的良友。或是水边，或是水上，没有一天不到的。"甚至在母亲寿辰的前一天，拾起一片湖石，用小刀刻上："乡梦不曾休，惹甚闲愁？"然后远远地抛入湖心，头也不回，相信那石永沉湖心，直到天地的尽头。"只要湖水不枯，湖石不烂，我的一片寄托此中的乡心，也永古不能磨灭的！"（《寄小读者·通讯十六》）由此，可以理解为，这种对慰冰湖的依恋，是冰心将对大自然之爱转化为母爱，慰冰湖成了母爱的象征，并且具有了神秘色彩。

波士顿一天一天的下着秋雨，好像永没有开晴的日子。落叶红的黄的堆积在小径上，有一寸来厚，踏下去又湿又软。湖畔是少去的了，然而还是一天一遭。很长很静的道上，自己走着，听着雨点打在伞上的声音。有时自笑不知这般独往独来，冒雨迎风，是何目的！走到了，石矶上，树根上，都是湿的，没有坐处，只能站立一会，望着蒙蒙的雾。湖水白极淡极，四围湖岸的树，都隐没不见，看不出湖的大小，倒觉得神秘。(《寄小读者·通讯八》)

初入威校，一切都是好奇与新鲜，冰心以文字记载的同时，也拍了不少的照片，比如倚靠在慰冰湖岸边枫树下、偎坐于湖岸观景台上，都是入校不久的照片，在闭璧楼前与同学的合影，一张与体育系的谢文秋，一张是与日本与中国的留学生周淑清、黎绍芬等，这些照片与照片中的人物，不仅定格了初入威校的情形，在日后的人生旅途中，有的还时有相伴。黎绍芬即为黎元洪的女儿，她们的父辈在天津水师学堂同学，现在他们的女儿又成了美国威尔斯利女子大学的同学。在校园的照片，大多为同学自拍，甚至自己冲洗，冰心并不是都满意，因而，她选择了一个周末，与美国同学乘火车进城，在波士顿的一家照相馆，很隆重地拍了一张彩色的半身相：着淡花丝绸质地的布扣大开襟上装，黑发绾挽，平分覆过眉梢，脸微侧而显丰满，微抿双唇，明眸幽思，活脱脱一个含蓄而又稳重端庄的东方青春女性，摄影师抓住了传神的一瞬，按下了快门，从而完成了冰心年轻时最为经典的写真，成为无数作品集、画册中的封面与压轴之作。这张照片，冰心寄给了父母亲，以慰父母对女儿的思念，却是没有想到日后还会引出许多的故事，甚至在当时就有故事了。有同学告诉冰心，波士顿一家照相馆的橱窗中，陈列一张放得很大的照片，路过的人都称之"东方美女"，像极了你！是不是就是你的照片？冰心茫然不知，再一个周末，又进城，在取照片的同时看到了橱窗，放大得比真人还大。冰心与店主交涉，希望取下不做展示，店主尊重照片主人的名誉权，但这里同时还有著作权，"被摄者是你，拍摄者是我"，最后达成折中的协议，将陈列的照片移至后台，将另一张照片推到前面，算是照顾到了双方的权益。

冰心在熟悉她的学校她的慰冰湖时，也把这些以通讯的方式，告诉她的小朋友。在闭璧楼活动室，有排信箱，铜质的小方盒上，标注着闭璧楼每个房间的号码，这是全楼同学与外界联系的重要渠道。每次回到闭璧楼，冰心都要来打开信箱，基本上不会失望，故国来信、同学飞鸿、发表作品的报刊，但家书却不是每天都会有的，时间稍久，只得在"上下楼之顷，往往呆立平时堆积信件的桌旁，望了无风起浪的画中的海波，聊以慰安自己"。最多的是约克逊总统号邮轮的清华同学，报告入校的喜悦，报告新生活的感受，爱慕之情，相思之意，也皆有之，有的洋洋洒洒，好几页纸。一般情况下，冰心以慰冰湖的明信片，写上简单的几句话，算是礼貌性作复。只有一个例外，就是吴文藻，他寄来的不是信，而是一张达特默思冰雪校园的明信片，几行清秀的文字也仅是报告到校后的情况，冰心却是看了许久，陷入沉思。与别的清华同学，又是一个不一样，亦如见面的方式？文学追求的就是不一样，难道这个现实中的不一样，正在向自己走来？

这次，冰心面对寄自汉诺威的明信片，却是写了一封回信，落款不是冰心而是谢婉莹。

四　一病足惜

病中与室友（1924）

　　细雨轻烟的慰冰湖，枫叶飘零的闭璧楼，既让冰心忘却故国的深秋，又令冰心忆及故国的深秋。11月24日，哈佛大学与耶鲁大学举行美式足球赛，哈佛大学研究生浦薛凤为冰心弄到了观看的门票。美式足球手足并用，可踢可抛，彼此推撞拉跑，扑地倒压，赛场内十分热闹、激烈。不料却遇上了大雨，露天的球场无遮无挡，浦薛凤虽然带了雨伞，但全场无一人撑用，就怕撑起雨伞挡住后座的视线，于是就这样在大雨中淋着，美国的同学哪里在乎一点点雨，照样忘情加油、欢呼，有的还从裤袋中摸出扁瓶美酒，如哈佛获胜一次，便喝一口，以示庆贺。球赛之后，本来还有哈佛中国学生会宴请外埠来此观赛的华籍同学，冰心觉得身体疲倦，聚餐盛会就不参加了，浦薛凤便雇了计程车送冰心至车站，再从车站打车将她送回学校。

第二天是星期天，冰心有时也上慰冰湖畔的霍顿纪念教堂做礼拜，读读经，听听唱诗，今日却是没有去，早起仍然感觉疲惫。到了晚间，秋雨后月明风清，S教授请她去晚餐。在小小的书室里，她们灭了灯，燃着闪闪的烛光，对着熊熊的壁炉，谈着东方人的故事。这时，冰心回头看见一轮淡黄的明月，从窗外正照着她们，似是远天的投影，上下两片轻绡似的白云，将半月托住。教授也回头惊喜赞叹，她们匆匆地饮了咖啡，披上外衣，一同走出门外，原来不仅月光如水，疏星也在天河边闪烁。两人在秋凉的夜地里站着，教授兴趣依然，指点着告诉冰心，那边是织女，那个是牵牛，还有仙女星，猎户星，孪生的兄弟星，王后星，等等，最后却是说出了伤感而又充满诗意的话来："这些星星方位和名字，我一一牢牢记住。到我衰老不能行走的时候，我卧在床上，看着疏星从我窗外度过，那时便也和同老友相见一般的喜悦。"在教授的微喟中，冰心也感觉到了一阵寒意，月光中，教授送冰心回闭璧楼，上下的曲径上，缓缓地走着。回到屋里，冰心稍感不适，加上昨晚看球赛淋雨，病就袭上来了。

就在这天夜里9时，一阵剧烈的咳嗽，立时便吐出了血来……急切间,伸手按响了呼唤铃。清脆的铃声,惊动了门房……

冰心入住了圣卜生医院,一幢建在校园小山坡上的房子。不大,二层尖顶建筑,几间病房,实际是校医院。仅仅在入院时有过一阵紧张,之后便趋平静。冰心在此住了17天,第二天就被看护允许写字了。医院的护理人员十分精心,病床的位置一天移动好几次,早晨将病床推至窗前,可享受阳光,可眺望校园风景,可听鸟鸣,可见小松鼠在林间跳跃,远一些的霍顿纪念教堂红色的尖顶、音乐楼的墙体、图书馆的立窗,中间大片的草坪绿地,穿越过秋叶落尽的疏林,可见慰冰湖清澈的波光,那波光荡漾到了眼前,感觉便神清气爽了许多。

冰心在医院受到无微不至的关怀,"饮食很精良,调理的又细心。我一切不必自己劳神,连头都是人家替我梳的"。冰心自小养成男儿性格,可十几天的住院,竟是落了3次眼泪。

第一次是面对闭璧楼认识与不认识的同学送来的慰问,"花和信,不断的来,不多时便屋里满了清香。玫瑰也有,菊花也有,还有许多不知名的。每封信都很有趣味,但信末的名字我多半不认识。因为同学多了,只认得面庞,名字实在难记!"闭璧楼的同学,在知道她生病后,一个个起劲关心起了自己,都来医院探望,但都被看护拒绝,只得留下花,留下话,留下满屋香馨；电话铃响，也是询问病情、希望前来探视的声音，能不感动落泪？在被允许写字后，第二封信便是写给闭璧楼中96位"西方之人兮"的女孩子："感谢你们的信和花带来的爱！——我卧在床上，用悠暇的目光，远远看着湖水，看着天空。偶然也看见草地上，图书馆，礼堂门口进出的你们。我如何的幸福呢？没有那几十页的诗，当功课的读。没有晨兴钟，促我起来。我闲闲的背着诗句，看日影渐淡，夜中星辰当着我的窗户；如不是因为想你们，我真不想回去了！"以一种西方式的俏皮话语，传递病中的心情。为着姐妹们的牵挂，冰心还专门"秀"了一下她与花"无奈"的亲密相处："日长昼永，万籁无声。一室之内，惟有花与我。在天然的禁令之中，杜门谢客，过我的清闲回忆的光阴。"

第二次是鲍老牧师（鲍贵思的父亲）的夫人（B夫人），从默特佛经波士顿专程前来探望，因而被准许进入病房，"医生只许她说，不许我说"。见到病中的冰心，难过得双眼含泪，说，本想我们有一个最快乐的感恩节……遗憾中便又安慰，不过不要紧的，等你好了，我们另做安排……老夫人握着冰心清凉的手，沉静许久不说一句话。"等她放好了花，频频回顾的出去之后，望着那'母爱'的后影，我潸然泪下——"

第三次在感恩节那一天，孤身在外，亲人不得见，朋友不能会,连窗前草地上也无行人,人人都回家过节了。病房孤身一人,枯看窗外风景,树枝严霜,湖波不流,曾有过的慰冰湖,银海一般地闪烁,意态也成清寒,秋风中的枯枝,丛立在湖岸上,变得疏远,秋云幻丽,在广场上忽阴忽晴,与病中的心情一般,飘忽无着!万般孤寂中,回想曾读过的古诗,"到死未消兰气息,他生宜护玉精神",从黄仲则跳到李贺,"马蹄隐隐声隆隆,入门下马气如虹",都是胡乱的联想。继续无聊,便又找出闭璧楼女生的信来读,一个美国朋友写着:"从村里回来,到你屋去,竟是空空。我几乎哭了出来!看见你相片立在桌上,我也难过。告诉我,有什么我能替你做的事情,我十分乐意听你的命令!"日本的朋友写着:"生命是无定的,人们有时虽觉得很近,实际上却是很远。你和我隔绝了,但我觉得你是常常近着我!"中国朋友则说:"今天怎么样,要看什么中国书吗?"无事还从寥寥数字中,揣摩出国民性来,一夜就在杂乱的思想中度过,第二天,清早的时候,扫除橡叶的马车声,碾破晓静。今日便是如中国的中秋节似的感恩节,"每逢佳节倍思亲",想起故国家园,想起父母兄弟,感情的闸门再也关不住了:花影在壁,花香在衣,朦朦的朝霭中,默望窗外,万物无语,不禁泪如雨下……

圣卜生医院中的冰心,给小朋友写了两篇通讯:《通讯九》

向父亲报告病中情景，《通讯十》写"我"与"母亲"，既道出了"我"儿时的情景，性格的形成，更是描出了母亲博大宽容的爱，成为经典中的经典，成为选本最多的篇章，成为不可或缺的课文，成为描写母爱的代表。

本来就是"旧病复发"，圣卜生医院十几天的治疗与疗养，一日好似一日，基本康复了。冰心打算出院后，立即补上这两周落下的课，但就在这时，医生却告诉她，病是好了，但这种病还需要疗养一段时间，不宜马上回校上课，过两天，送至青山沙穰继续疗养，并要她安心。安心？还能安心！冰心听了医生的话后，几乎神经错乱，我是来读书的，不是来疗养的，如果继续在医院待下去，所有的计划、安排都成泡影，能安心疗养？可是，医院继续按照治疗程序进行。冰心当时并不知道，圣卜生将冰心的肺支气管破裂导致吐血，诊断为肺结核，也就是中国人所说的肺痨。这是一种传染疾病，在盘尼西林尚未发明之前，肺结核尚属难治病症，所以，医院没有让冰心退学或休学，已经是考虑到她的留学身份了，但坚持必须继续疗养，病愈后再回校上课。

1923年11月15日下午，"一乘轻车，几位师长带着心灰意懒的我，雪中驰过深林，上了青山（The Blue Hills），到了沙穰疗养院"。威尔斯利位于波士顿西郊，青山则位于波士顿南郊，两地相距30多公里，尤其是沙穰疗养院建在青山之中，孤立而寒冷。汽车下山了，护送人走了，病中的冰心，一人留在了寒山里的沙穰疗养院。"如今窗外不是湖了，是四围山色之中，丛密的松林，将这座楼圈将起来。清绝静绝，除了一天几次火车来往，一道很浓的白烟从两重山色中串过，隐隐的听见轮声之外，轻易没有什么声息。单弱的我，拼着颓然的在此住下了！"（《寄小读者·通讯十一》）

病弱、离校、远离故国亲人、寒冷、孤单、陌生无助，这就是冰心上了青山的现实。颓然而沮丧的心情，孤立无援的瘦弱身影，持续了十几二十天。一室寂然，雪满山野，有时为着打破止水般无聊的生活，"忽发奇想，想买几挂大炮仗来放放，震一震这寂寂的深山，叫它发空前的回响"。但在美国，何来鞭炮？却是有枪！在做梦也看不见炮仗的情况下，冰心幻想有一支小手枪，"安上子弹，抬起枪来，一扳，砰的一声，从铁窗纱内穿将出去"！安静、无聊至绝望，也是有些可怕的。

冰心在一篇描写困顿中挣扎的文字，多次提到了"造物主""造物者"和"上帝"，以西方人的方式过圣诞节，第一次在病中过圣诞节，与北京过圣诞节是完 日平安夜，楼前雪地中间的一棵经过装饰的松树上，结着灯彩，树尖上一颗大星星，树下挂着许多小星星。冰心开始像往常一样，静卧门廊，夜半时，忽然飘来柔婉的《平安夜》歌声，将她从浓睡中引出。睁开双眼一看，天上是月，地下是雪，中间圣诞树上的大灯星，现出了一个完全透彻晶莹的世界！耶稣诞生的情景，"一千九百二十三年前，一个纯洁的婴孩，今夜出世，似他的完全的爱，似他的完全的牺牲，这个彻底光明柔洁的夜，原只是为他而有的"。侧耳静听，忆起旧作《天婴》中的两节诗句："马槽里可能睡眠？/凝注天空——/这清亮的歌声，/珍重的诏语，/催他思索，/想只有泪珠盈眼，/热血盈腔。/奔赴着十字架，奔赴着荆棘冠，/想一生何曾安顿？/繁星在天，/夜色深深，/开始的负上罪担千钧！"静默静想的冰心，感觉自己心定如冰，神清若水，默然肃然，当歌声渐远时，又渐渐进入梦乡。第二天便是圣诞日了，完全是另一个情景："朝阳出来的时候，四围山中松梢的雪，都映出粉霞的颜色。"冰心说："一身似乎拥在红云之中，几疑自己已经仙去。"就在默想出神之时，护士来了，微笑着道了"圣诞大喜"，便将她的床从廊上慢慢推到屋里，随之捧进几十个红丝缠绕、白纸包裹的圣诞礼物，堆了一床。冰心微靠床栏，一包一包地打开，五光十色的玩具和书，足足开了半个钟头。到了夜间，又是一番情景：圣诞晚会上（冰心称之为庆贺会），不仅有本院的女孩子，从一个也属隔离疗养的小学来了20多个小孩子，喜庆而热闹。晚会的大厅中，"一棵装点的极其辉煌的圣诞树,上面系着许多的礼物。医生一包一包的带下去,上面注有各人的名字,附着滑稽诗一首,是互相取笑的句子,那礼物也是极小却极有趣味的东西"。冰心得了一支五彩漆管的铅笔,一端有个橡皮帽子,附着的诗是:"亲爱的,你天天在床上写字,写字,/必有一日犯了医院的规矩,/墨水玷污了床单。/给你这一支铅笔,还有橡皮,/好好的用罢,/可爱的孩子!"此时,医生、护士、病人,把那厅坐满。8个国家之多的人,无论老的少的,用英文唱着同一首歌,冰心说,在灯火辉煌中,歌声嘹亮地过了一个完全的圣诞节。

吴文藻利用休年假时间,从汉诺威乘火车到波士顿,再乘公车抵达剑桥,住进了顾毓琇租住的宿舍。与清华同学聚会时,才从浦薛凤那儿听说了冰心生病的情况。吴文藻知道情况后,提议结伴上山探望。于是,在圣诞节后的第二天,沙穰疗养院的雪景中,便出现了3个黑点,中国的留学生浦薛凤、顾毓琇与吴文藻,一袭清华装,黑色的大衣,竖立的领口,3个江南水乡的翩翩少年。他们的出现,令冰心惊奇,兴奋得脸上现出红晕。上山之前,三人都未曾言及礼物,待见到冰心,忽然发现每人都有一份献给病中女士的礼物,圣诞虽过,但那礼物还算是圣诞礼物。按照美国人的习惯,冰心当面一一打开,浦薛凤送的是巧克力,顾毓琇送上的是手套,当打开吴文藻的礼物时,则是一本精致的笔记本,说是留待"病中书写",冰心却脱口而出,这是她最喜欢的东西。疗养院的圣诞礼物是铅笔,现在又有了本子,能不喜欢？3个清华的才俊,又经过美国的大学生活,都已不怎么拘谨了,礼过之后,又询及如何打时度日,冰心不便实情相告,不想将自己的愁绪传染给他们,便也幽默了一回,说,北美森林中的Eskimo,黑发披裘,以雪为家,过着冰天雪地的生活,圣诞晚会上,来了十几个小朋友,他们说,日前他们见到了Eskimo,冰湖溜冰处,黑发披裘,飘然而过。原来,他们说的这个Eskimo,指的就是她。冰心说,因她曾于风雪之中林间游走,山下冰湖溜冰处的沙穰小朋友便传说林中来了一个Eskimo,并以她的黑发披裘为证,说得大家都开心地笑了起来。此时浦、顾二位,尚不知他们表面有些木讷的同乡吴文藻,与冰心已有"书"与"信"往来,各各都揣了爱慕之心上了青山,吴文藻自然不能单独对冰心表示慰问,只是在调侃的话题前止步,最后趁着空隙,劝了几句听从医生的安排,好好休养之类的"悄悄话"。

在中国古典的诗词里,"风雪""故人"是经常出现的意象,且多有伤感。但却给远在异国他乡,孤寂病中的冰心,带来温暖与欢乐,而她最盼望的也是"风雪故人来"！

一路追随冰心而来的许地山,在位于纽约的哥伦比亚大学哲学系攻读硕士学位，第一个年假自然是筹划着如何去见冰心，时间也安排在圣诞节前后。许地山不属"清华帮"，且由于性格的怪僻，多不合群，尤其内心还秘藏对冰心的私情，他在威尔斯利未能寻得冰心之后，便独自上了青山。见到冰心独处的清冷，举目无亲且不说，接触的都是身份不同的病人，面对私爱着的人，不免心生凄楚，但冰心在尊为师长的许地山面前，却表现得开朗和乐观，问了许多燕京大学同学的事情，尤有陶玲的情况，许地山将所知道的都告诉了她，并且报告了许多国内的消息，更令冰心的思想活跃。冰心还主动讲到疗养院的情况，有20多人吧，隔壁有个女孩正跟她学习中文，第一天教的是"天""地""人"3个字，女孩睁了大眼睛看着她，说，你们中国人太玄妙了，初学就学这么高大的字，她们往往是从"猫"呀"狗"呀的开始，说得许地山也笑了起来。

冰心更没有想到的是，燕京大学司徒雷登校长竟也上山来探望！司徒雷登来美国是为扩建燕京大学募捐的，冰心曾从媒体上知道校长来美，但她绝对没有想到校长会上山来看她。见到病中的冰心，司徒雷登做了详细的询问，从吃什么药、打什么针都要问及，在做过慰问后，还为冰心带一个大礼，就是邀请冰心毕业之后到燕京大学任教。司徒雷登离开青山后，特地向燕京大学的师生写了一封信，向他的全校师生报告了探望冰心的情况："我曾往 Sanatarium 探望谢婉莹女士,其病势不久可复,气色很好,也很高兴,大部的时间用在散步、写作、读书上。"(司徒雷登的信)

圣诞节的欢乐与神谕,朋友、师长与同学的连连探望,驱散了初上青山心头的阴霾。冰心愉快地写信告诉母亲:"我童心已完全来复了。在这里最适意的,就是静悄悄的过个性的生活。人们不能随便来看,一定的时间和风雪的长途都限制了他们。于是我连一天两小时的无谓的周旋,有时都不必作。自己在门窗洞开,阳光满照的屋子里,或一角回廊上,三岁的孩子似的,一边忙忙的玩,一边呜呜的唱,有时对自己说些极痴骥的话。休息时间内,偶然睡不着,就自己轻轻的为自己唱催眠的歌。——一切都完全了,只没有母亲在我旁边!"(《寄小读者·通讯之十三》)为了感觉母亲与亲人都在自己的身旁,她为窗前的星星起名,叫"兄弟星",以大小亮度区别大弟、二弟与小弟,将月亮幻化成母亲,将太阳理解为父亲,心灵的家园全然安置在青山之上了。计算着"抱病入山的信"可能刚刚送到母亲的手上,也估摸着全家人正在商量谈论,长吁短叹,"无知无愁的我,正在此过起止水浮云的生活来了呢"!

此时的冰心又开始写作,写山,也写人,童年时代的不多往来的玩伴——烟台金钩寨的六一姊,大学时代只几面之交的同学淑敏。《别后》是一篇1921年的未完稿，3年后在青山发现后续写，连同《悟》，成为她在美国留学不多的小说创作。而在青山，更多的写作给了小朋友，《寄小读者》从通讯十三至十八，占了全书的6篇之多。同时，《往事》（二）、《山中杂记》也为"遥寄小朋友"，在叙述的完整性上，将离家前后、太平洋舟船上、初入威校的情景补充完成，让小读者对冰心决定留学之后至病前病中的生活情景，有个全貌了解。

终于，出院的时间到了，在度过美国的国庆节后，冰心走下了青山。从阴霾漫天而进，到灿烂晴空而出，季节与气候的变化不说，单就人和心情而言，冰心认为自己已经"判若两人"啊！

我曾说：

"别离碎我为微尘，和爱和愁，病又把我团捏起来，还敷上一层智慧。等到病叉手退立，仔细端详，放心走去之后，我已另是一个人！

"她已渐远渐杳，我虽没有留她的意想，望着她的背影，却也觉得有些凄恋。我起来试走，我的躯体轻健；我举目四望，我的眼光清澈。遍天涯长着萋萋的芳草，我要从此走上远大的生命的道途！感谢病与别离。二十余年来，我第一次认识了生命。"（《往事》二）

鲍老牧师开车将冰心接到默特佛家中，静夜中，冰心细细地回顾体味了病中6月的生活，将感觉一一记在了《通讯十九》之中：一个是弱，一个是冷，一个是闲，再有一个就是爱与同情。当她写到第四点的时候，她说，应该用庄肃的心情来写这一段。她过去总认为，同情是应该得的，爱也是必得的，时间久了，便有一种轻蔑与忽视了。然而此种"应得"与"必得"，只限于家人骨肉之间。比如说母爱，和弟弟们的爱，这种爱原本是应该得到的，家人之间没有问题，因为骨肉之爱是无条件的，或者说，以血缘为基础的爱是无条件的。但是在朋友同学之间，"同情是难得的，爱是不可必得的，幸而得到，那是施者自己人格之伟大！此次久病客居，我的友人的馈送慰问，风雪中殷勤的来访，显然的看出不是敷衍，不是勉强。至于泛泛一面的老夫人们，手抱着花束，和我谈到病情，谈到离家万里，我还无言，她已坠泪。这是人类之所以为人类，世界之所以成世界呵！我一病何足惜？病中看到人所施于我，病后我知何以施于人。一病换得了'施于人'之道，我一病真何足惜"？病中青山，大家身边都无亲人，只有一缕病中爱人爱己、知人知己的哀情，将那些异国异族的女孩儿亲密地连在一起。病让她对爱与同情有了深一层的理解，从"施于我"到"施于人"，成为人生中的一个转折，成为生命中不可或缺的元素，她要将这种元素放大、持久，在人间开花结果。"别人怎么施与我，我将怎么施与他人。"从接受爱到施之爱，就是这个大变化，使她的爱的内涵与境界，比进山之前提升了一格，变成了"另外一个人"。出山之后，决定用一生来实践在内心给自己定下的将爱"施于人"的承诺，并以诗意的语言，描述这一喜悦的获得：

爱在右，同情在左，走在生命路的两旁，随时撒种，随时开花，将这一径长途，点缀得香花弥漫，使穿枝拂叶的行人，踏着荆棘，不觉得痛苦，有泪可落，也不是悲凉。(《寄小读者·通讯十九》)

病后在大西洋的小岛上休养（1924）

五　遨游于新英格兰大地的山水之间

冰心出院，时值暑期，鲍老牧师认为，应该让孩子散散心，不要老是待在屋子里写作，对健康不利。于是，由他们家的司机开车，由鲍家的用人陪同，开始在周边的旅游。

首先是游览了玷池（Spotpond）、玄妙湖（Mystic Lake）、侦池（Spy pond）、角池（Hornpond）等。美国东部的丘陵地带，被称为"POND"的池塘很多，像绿宝石般地镶嵌在新英格兰丛林的大地上。从这个湖（池）到那个湖（池），路程都不太远，且美国在20世纪20年代，公路网络已很发达，冰心记下了湖畔驰车的感觉："水畔驰车，看斜阳在水上泼散出的闪烁的金光，晚风吹来，春衫嫌薄。这种生涯，是何等的宜于病后呵！"他们乘坐的是黑色福特牌汽车，车厢大且可敞篷，夕照中的敞篷车上，立一东方女孩，飘飞的秀发与颠簸的车行，给夏日繁花大地，平添几分靓色。冰心还到了大西洋滨岸（Revere Beach）。这是一处海滨的度假区，沙滩上游人如织，除冲浪游泳者外，还有多处游艺场，孩子们骑着铁马铁车呼啸前进，空中的旋转车，洋面上的小艇，五光十色交织在一起，令刚刚从山里出来的冰心，眼花缭乱。冰心本爱海，但大西洋的海面太多的商业与嘈杂，她不喜欢，觉得无味，早早掉转车头，回到山间林中，改为从高处的静处观海："这是海的真面目呵。浩浩万里的蔚蓝无底的洪涛，壮厉的海风，蓬蓬的吹来，带着腥咸的气味。在闻到腥咸的海味之时，我往往忆及童年拾卵石贝壳的光景，而惊叹海之伟大。在我抱肩迎着吹人欲折的海风之时，才了解海之所以为海，全在乎这不可御的凛然的冷意！"

从大西洋滨岸回到默特佛，稍事休息，冰心将游湖与观洋的见闻与感受，写作了《通讯二十》，告诉故国的小朋友。过了几天，威校的K教授，也就是冰心在美国留学期间的监护人，来到默特佛，接冰心到新汉寿（New Hampshire，今译为新罕布尔）的白岭（White Mountains）之上避暑。K教授自己开车，冰心可坐副驾驶位置。汽车出波士顿，沿着缅因州边界前行，之后便是一路的盘山道路，两旁的丛林，苍翠欲滴。K教授告诉冰心，再过两三个月，这里是一片枫叶泛红，犹如色彩缤纷的崇山画廊，美极了，每年这个季节，波士顿大自然的爱好者，便从这条道上山观赏红叶。

以冰心的美国地理知识，将自由(Freedom)、白岭、华盛顿(Mount Washington)与戚叩落亚（Chocorua）诸岭并列，还有远在天边的总统山脉(Presidentinal Range)、麦迭生(Madison)等重叠相映的群山。冰心居住的白岭，"高出海面一千尺，在北纬四十四度，与吉林同其方位。早晚都是凉飙袭人，只是树枝摇动，不见人影"。不知为何，冰心说，她只爱看戚叩落亚。每天黄昏独自走到山顶看日落，便见戚叩落亚的最高峰，全山葱绿，只有峰顶赤裸露出山骨。此为山峰太高，地处高寒，天风劲厉，不宜于树木的生长。与中国一样，名山均有传奇故事，戚叩落亚山也有英雄的传说，《通讯二十二》中，冰心将这个故事，详细地讲给了中国的小朋友听。

　　白岭有一座18世纪的老屋，独立地隐藏在丛林之中，与山后一处酿私酒的屋子为邻。这座屋主人姐妹俩是K教授的好友，平时不曾居住，夏日来此避暑，属假日别墅。K教授为了让冰心得到更好的休息，将其带上了山，也让这位中国的女作家体验一下真正的新英格兰农家生活。"果然的，此老屋中处处看出十八世纪的田家风味。古朴砌砖的壁炉，立在地上的油灯，粗糙的陶器，桌上供养着野花，黄昏时自提着罐儿去取牛乳，采莒果佐餐。这些情景与我们童年在芝罘所见无异。所不同的就是夜间灯下，大家拿着报纸，纵谈共和党和民主党的总统选举竞争。"(《寄小读者·通讯二十一》)田园风光自然有趣，但时间一长，便觉得十分寂寞。偌大一座山中老屋子，只住5人，两姐妹、K教授，再就一个才5岁的纽芬兰孩子，因为他的母亲在此做佣工。好在K教授可以用车将冰心载到附近景点游玩，白岭之中也多湖，叫得出名字的便有银湖(Silver Lake)、戚叩落亚湖（Lake Chocorua）、洁湖（Purity Lake）等，处处湖山相衬，显得十分幽静，感觉比青山还美。有时，还到戚叩落亚湖畔野餐、烧烤与自助，比在老屋中等待用餐，多了许多的乐趣。野餐的位置，有时选择在小桥边，不远处的湖面波平如镜，水的尽头便是突起矗立的戚叩落亚山峰。野餐之后，冰心便与K教授在湖畔徘徊，如在画中行走，山风吹面，竟有飘飘欲仙之感，好像不是在赏玩而是皈依了！

　　山中虽是清静，离别时却热闹了一番。8月6日，也就是离开白岭的前一天，午睡起后，古屋的主人C夫人请冰心换上新衣，但见K教授也穿上由中国绣衣改制的西服出来。其余的人身上也都有了中国元素：或挂中国的玉佩，或着中国的绸衣。当暮色降临山间之时，C夫人招呼大家团团坐在屋前的一棵大榆树下，女佣端出一盘盘的茶果，K教授郑重地告诉冰心，今夜要过中国的瓜果节（《寄小读者·通讯二十四》如是记载——作者注）。是夜为中国的农历初六，双星还未相迩，银汉薄雾迷蒙。一钩弯月下，冰心自然成了中心！C夫人为她斟上蒲公英酒，K教授举杯起立，说："我为全中国的女儿饮福！"

冰心也站立起来，含笑而答："我代全中国的女儿致谢你们！"

大家一起笑着，将杯中之酒饮尽。

第二天一早，冰心在白岭的古屋草坪露桌上，匆匆写就《通讯二十三》，抬头的称呼是"冰季小弟"，一气呵成千余字。早餐之后，便乘 K 教授的车下山，前往位于大西洋岸的伍岛。

伍岛（Five Islands）是鲍老牧师家的海岛，岛上有房有船有管理人员。知道冰心要来，早早做好了准备。海于冰心而言，自然不陌生，但伍岛还是让她心思"昏忽"。伍岛的环境奇特，两处断涧，均以松木小桥通过，涧深足有数丈，海涛在涧下冲击断崖，声如闷雷滚过。岛上有松林一片，立于磐石东望，对岸的西班牙一水相连。岛的四岸，或在晨昏，或在月夜，冰心都曾静坐过，又恰逢当月农历十五那日，满潮的海波一直冲到了窗下，令人心悸。夜间的淡雾中，灯塔里的雾钟，断断续续地敲响，引起冰心无限的遐思，想到那个未竟的灯塔守的愿望，连带出父亲与母亲的音容笑貌，此时水面清脆的雪鸥鸣声，便觉得比孤雁还哀切了，惊醒之后，总不能复眠。

伍岛令冰心激动处是泛舟海上。几乎每日出海，小舟一般在近岸泛行，大船可就不一样了。8月13日，上岛的第七天，一船载了 16 人，在海上举行聚餐。大船驶出海口，乘风扯起三叶大帆，冰心坐近栏旁，在水手们扯帆时的歌声中，忆起烟台海上与水兵取乐的情景来。正在凝神之时，同船的 B 博士却笑着招她到舟尾，说是让她把舵："试试看，你身中曾否带着航海家的血统？"这时，舱面的人都笑看冰心，似是鼓励。冰心不假思索地接过舵轮，平静坐下，凝眸前望，此时，管轮和驾驶只她一人。冰心稳握轮齿，桅杆与水平纵横，只凭纤细文弱的左右手转动、推移。此时的冰心还真有父亲水兵的风度，心神倾注，果决果断，海风过耳，不闻不动，当船驶到叔本葛大河（Sheepcult River）入海口时，两岸逼近，波涛汹涌，在沉稳扶轮屏息之时，还偶然侧首，栏旁士女，言笑阵阵，恍知自己责任重大！现在两腕轻一移动，都关系着男女老幼 16 人性命安全，且又是初次，真有些惶恐了！想起父亲，比起万船如蚁，将载着数百水兵的战舰，不安驶进港湾，便觉得不算什么了。当船旋转自如抵达岸边后，一船的人都笑着举手向她致敬，拥她为船主，称她为航海家的女儿。

1924年8月17日，一年前乘约克逊总统号邮轮离开上海的日子，冰心游历美东、沉浸于山水之间一月有余之后，乘了便佳城号（City of Bangor），自泊斯（Bath）借大西洋一角，回到了波士顿。

六　重返威校

与"大江会"的中国留学生合影（1925）

重返威校，冰心没有回到闭璧楼，而是住进了娜安辟迦楼。不用说，这个学年学业是十分繁重的，但在露密斯博士的指导下，以她的聪慧与勤奋，很快就赶上来了。其间由于疲劳过度，曾又患过一次吐血，这回她没有让老师知道，坚持挺了过来。在这座新宿舍里，开始几乎像孤岛上般封闭自己。学分上威校还算通融，监护人K教授起到了重要的作用，甚至青山疗养院的费用，都是K教授想办法以奖学金支付。如此的厚爱，只能以发奋回报。虽说有吴文藻的寄书与帮助，阅读过不少的专业书，但那毕竟不是课业，所以，一个学期，冰心杜绝一切的交往与活动，全身心地投入专业学习之中，用她自己的话说:"如同带上衔勒的小马,负重的,目不旁视的走向前途。"直到来年3月开春,慰冰湖开始绽放嫩芽、绿叶与鲜花时,才从那个圈定自己的娜安辟迦楼中走出来。

与中国留学生发起成立的"大江会"有关的活动,留学生们便是千方百计地表现中华民族的文化。为此,纽约的中国留学生余上沅、闻一多、赵太侔等组织上演了英语话剧《杨贵妃》,波士顿的中国留学生也不甘落后,剑桥中国学生会的主持人沈宗濂提出,为了宣扬中华民族灿烂的文化,同时也是招待外国的师友,应该上演一出英语的中国戏。这一提议得到大家一致的赞同,并且很快就确定下了改编的剧本为《琵琶记》。由顾一樵(顾毓琇)将原本42出的剧本改编成适合美国演出的剧本,再由梁实秋翻译成英文。

演员的阵容经过反复磋商,最后是如此排定的:

蔡中郎	梁实秋
赵五娘	谢文秋
丞相之女	谢冰心
牛丞相	顾一樵
丞相夫人	王国秀
邻人	徐宗涑
疯子	沈宗濂

在美国演出中国古装戏，最难的是服装和布景，别说现成的戏装，连中国式的花布都买不到。纽约的留学生上演过《杨贵妃》，闻一多等设计、绘制了许多服装，冰心开始管剧务，由她出面，同意借给，一部分则是依据闻一多的意见在波士顿制作，根据剧情，买来金纸和银纸，剪成图案，贴在素色的戏袍上，灯光一照，分不清真假，且都华丽无比。余上沅与赵太侔专程前来帮忙，"太侔一到，不声不响，揎袖攘臂，抓起一把短锯，就锯木头制造门窗。经过他们二位几天努力，灯光布景道具完全就绪"。

留学生们为慎重起见，还专门做了一次彩排，特别请了波士顿音乐学院专任导演的教授前来指导。据梁实秋回忆，"他很认真负责，遇到他认为不对的地方就大声喊停予以解说。对演员的部位尤其注意，改正我们很多缺点。演到蔡伯喈与赵五娘团圆的时候，这位导演先生大叫：'走过去，和她亲吻，和她亲吻！'谢文秋站在那里微笑，我无论如何鼓不起这一点勇气，我告诉他我们中国自古以来没有这个规矩，他摇头不已"。

《琵琶记》正式演出是1925年3月28日晚。冰心本来没有担任角色，但临演出前，饰演丞相女儿的演员病倒，只有来救场。波士顿美术剧院，观众大多是美国人，有大学教授，文化界的人士，也有不少学生和侨胞前来捧场，黑压压一片，千人的剧院座无虚席。演出前,由在波士顿音乐学院读书的王倩鸿女士致开幕词,中国学生会主席沈宗濂致欢迎词,演说,奏乐后,才正式开幕演出。虽为首次演出,且又多无舞台经验,但演出顺利,没有人忘台词,台下也没有人开溜,最后落幕,掌声雷动,几乎把屋震塌下来。对此,梁实秋做了如是解释:"千万不要误会,不要以为演出精彩,赢得观众的欣赏,要知道外国人看中国人演戏,不管是谁来演,不管演的是什么,他们大部都是出于好奇。剧本如何,剧情如何,演技如何,舞台艺术如何,都不是最重要的,最重要的是那红红绿绿的服装,几根朱红色的大圆柱,正冠捋须甩袖迈步等等奇怪的姿态……《琵琶记》有几个人懂得,包括我们自己在内?"(梁实秋《琵琶记的演出》)《琵琶记》演出成功,达到了那一批中国留学生的愿望,宣传了中华民族文化,所有参加演出人员,包括当时的一些华侨都极为高兴。翌日,《基督教箴言报》报告此事,并且刊出了演出剧照。

　　自从在青山沙穰疗养院与吴文藻别后,虽互有通信、寄书,但各自紧张的学习,加上不近的路途,总是难得见面。重返威校"闭关"的时间里,吴文藻也曾来探望,但也不是单独的,都有清华同学一起来,第一次见到潘光旦便是吴文藻带来的。吴文藻到波士顿,一般住在清华同学的宿舍,有时在梁实秋与顾毓琇合住的奥斯汀园5号,有时住在鼓兰姆街浦薛凤处,"文藻则每次从其毕业处所前来访视婉莹,必下榻予寓。外间不知实情,误认予是有意。回忆清华高班同学友好吴毓湘兄曾专函直陈谓:间接听到消息,确否固尚不知,但终身大事,对方之健康亦系重要条件。予乃遽实相告,并谓对伊真有意者,早已另有其人,亦是清华同学,予之好友"(《浦薛凤回忆录》)。此时的冰心对吴文藻的印象,已不再仅仅是憨厚、直言与特别,还有心细、关心和体贴,而且冰心感到,吴文藻虽出身小商之家,但没有那种斤斤计较之习气,作为女性,尤其是作为像冰心这样的大家闺秀,由于家庭环境影响,特别喜爱干净与整洁,这一点,冰心已悄悄从吴文藻身上看到了,他穿的衣服,谈不上高档,但总也都干净利索整洁,这使冰心高兴,她绝对不可能找那种所谓不拘小节邋里邋遢的"艺术天才",她接触过太多这种以才自傲不拘小节的人了,她不喜欢这种人,为什么天才就要邋里邋遢?就说天才可以这样放纵自己,就说艺术也许需要这样的天才,但她绝对不会选择这样的人作为终身伴侣!冰心的宿舍,总是收拾得干干净净,书该放在什么地方、衣挂何处、平常使用之物品摆于哪方,全都清清爽爽,有条不紊,从不凌乱,桌上相框里那张刚到美国时拍的照片,两旁署有两行自书的诗句:"到死未消兰气息,他生宜护玉精神",表示了她为人的追求。冰心虽然在心里多次想到吴文藻，并且将他与自己所认识的甚至追求她的男士做比较，每回，心的天平都倾向了他，这是远在达特默思的吴文藻不知晓的。演出《琵琶记》，可能为见上一面提供了机会，于是，她给吴文藻写了一封信，邀请其观看演出，为表诚意，还特地将入场券夹在封中寄去。

吴文藻收到冰心的来信和入场券，心里自是高兴。那几日，面对冰心的信与入场券却很犹豫，那时正处大学的最后一个学期，毕业论文尚在准备之中，这一去，又得花去好几天的时间，思来想去，最后还是以学业为重，只得写信给冰心，为不能去波士顿深感抱歉。冰心收到此信，曾自责是不是热情了一些。然而，就在《琵琶记》演出的那个晚上，吴文藻准时赶到波士顿美术剧院，坐在了冰心送给他入场券的座位上。这着实令冰心喜出望外。第二日，冰心回到她在美国的家，默特佛火药库街65号，一帮清华的同学又追了过去，吴文藻最后一个走进，冰心便悄悄地对他说："你能来看演出，我很高兴。"两人相视而笑，吴文藻想到自己险些失去这个机会，可要造成多大的遗憾？

梁实秋在科罗拉多大学完成大学课程后，于1924年秋天入哈佛大学研究院攻读硕士学位。他选修了白璧德的"十六世纪以后文艺批评"，深受影响，即开始由喜爱的浪漫主义转向追求人文主义。梁实秋与顾一樵一起赁居奥斯汀园5号，也就经常结伴前往威尔斯利看望中国同学，冰心、谢文秋等几位女同学也就常请他们在威尔斯利镇上一家中国饭馆用餐，饭后又一起到慰冰湖上泛舟论谈。所谈的话题，大多是选修的课程、国内的情况等。为了扩大知识面，同时也有个交流的机会，后来有人提议以"湖社"的名义，将这种聚会固定下来，隔几个星期聚一次，每次由一个人主讲，其他人可以提问，通过介绍各自所修的专业，增加大家的知识；另一个议题则是根据亲朋的来信，介绍祖国的情况。于是，"湖社"就这样办起来了，参加湖社聚会的有哈佛大学的陈岱孙、梁实秋、浦薛凤、沈宗濂、时昭瀛，麻省理工学院的曾昭抡、顾毓琇、徐宗涑等，有时从外地来波士顿的中国学生，也可以临时参加，吴文藻、瞿世英、石超涵等都参加过"湖社"活动。威校的"二谢"——谢冰心与谢文秋自然是主人，还有其他的女生和附近女校的中国留学生。这时的慰冰湖便属于中国留学生了，平静的湖面上，划来三五小舟，行到僻静处，停泊一起，或登上岸去，坐于满地厚厚落叶的湖岸，于是，湖面、湖畔，便有汉语的抑扬顿挫之声，所谈的有政治、经济、军事、教育、哲学、文学，等等，吴文藻介绍现代文明与社会学，冰心那一讲是李清照的生平和诗词创作，每至动情之处，只有湖水微拍船舷之声，而船上的人,都随着李清照的故事,回到那正受列强欺凌的故土……这段时间,除了他们到威尔斯利湖上泛舟,冰心等人也在节假日前去剑桥,"做杏花楼的座上宾",来往多了,梁实秋改变了对冰心冷冰冰拒人千里之外的印象,"我逐渐觉得她不是恃才傲物的人,不过对人有几分矜持,至于她的胸襟之高超,感觉之敏锐,性情之细腻,均非一般人所可企及"(《忆冰心》)。

七　绮色佳之恋

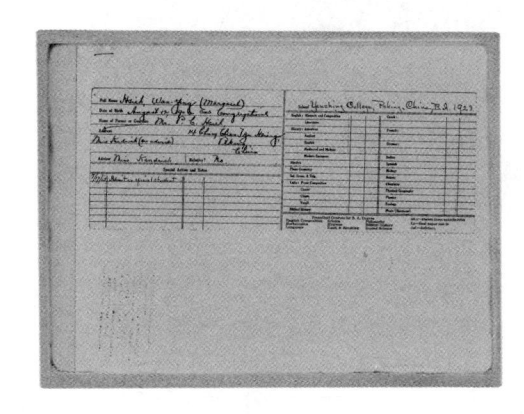

冰心留学成绩单

冰心第二学年的课程顺利完成，主课英国文学的成绩都在 B 以上，那时老师给学生打分极严，B 就是好成绩了。英国文学 307 取得 3 个学分，两个学期都是 B；英国文学 309 也是 3 个学分，成绩第一学期 B，第二学期也是 B；英国文学 101 有 3 个学分，但无成绩，因属毕业必修课，免考试。同时，冰心与导师取得了一致意见，以介绍与翻译女诗人李清照的词作为学位论文选题。

1925 年 6 月，吴文藻在达特默思学院社会学系毕业，顺利取得学士学位，为进一步深造，他选择了哥伦比亚大学（Columbia University）研究院社会学系，攻读硕博连读学位。

在康奈尔大学校园(1925)

　　1925年的学业,对冰心、对吴文藻都很重要,他们的交往也如学业般升温,开始进入恋爱阶段。暑期已至,威尔斯利校园姹紫嫣红,湖边的草莓与黑莓都已成熟,随手可采可食,沙樱在路的两旁生长,红碎的花在5月便已落尽,一串串的樱桃正在泛红,沉甸甸地挂在了枝头,山坡上高大的橡树,举着巨大的手臂,保护着一些不知名的黄花、狗尾巴草、长生草,野蜜蜂便在花丛中忙个不停；湖岸的紫色鸢尾花，像是给慰冰湖围上了一圈似中国丝绸的围巾，白色的天鹅在早间散发着薄雾平静如镜的水面悠闲游弋，时不时伸出长脖、探入水中，抬头便留一串晶莹的水珠，滴满湖面；野鸭也来了，成群成群地飞来，且无规则无节制地在湖面划来游去，嘴里还要发出嘎嘎的叫声，惊扰一湖沉睡，白天鹅生气了，飞扑过去追逐，更是吓得野鸭拍水乱飞，打出一串长长的浪纹，更乱平静。留校的女学生不睡懒觉了，早早就有人环湖晨跑，白色的运动衫在深绿的橡树林中飘闪，如同晚间湖岸纷飞的萤火虫儿。冰心放下了一切，尽情地享受了几天校园的夏日风情，之后，便和她的美国同学乘一天一夜的火车，前往明尼苏达州的银湾（Silver Bay）风景区旅行了。

6月底，冰心一人独自北上，前往纽约州北部的绮色佳（Ithaca，一般译为依萨卡）。著名的康奈尔大学便坐落在绮色佳绝美的山水之间。按照美国大学的规定，硕士学位必须具备两门外语，冰心选择法语作为第二外语，康奈尔大学的语言中心，每年都要接受大量的语言补习的学生，冰心来此，既为补习，也为旅行，更是为与吴文藻相会。也就是在"湖社"，他们有了不甚明确的相约，吴文藻也选择了补习法语，现在，他们如期来到康奈尔大学的语言中心，在风景如画的BB湖瀑布旁相会了。

明月穿过杨柳,自涧上来。泉水一片片的,曲折的,泻下层石,在潺潺的流着。树枝在岩上,低垂的,繁响的摇动着。月光便在这两两把握不定的灵境中颤漾着!涧中深空得起了沉沉的回音。两旁的岩影黑得入了神秘。桥上已断绝行人。泉水的灵光中的细吟,和着我的清唱。轻风自身旁燕子般掠过,在怜惜讽笑这一身客寄的孩子。(冰心《绮色佳 Ithaca》)

康奈尔的冰心、绮色佳的冰心,少有的激动与激情,开心至极兴奋至极幸福至极,她说:"这些都是画中的境呵,我做了画中人!"她说:"这些都是诗中境呵,我做了诗中人!"她还说:"这是悲剧之一幕呵,我做了剧中人。"一头扎进了那山那水那泉那瀑之间,两颗思念之心两颗牵挂之心两颗猜度之心,在绮色佳的山水之间,升华到两颗相爱之心。

那些天的日日夜夜,他们在林中漫步,沿山路登攀,于曲径处盘桓,立溪涧仰望峭壁悬崖。冰心在泉边,吴文藻说,我帮你拍照;冰心在瀑前,吴文藻说,留个影吧;冰心在湖中,手里有桨,舷有水声,吴文藻说,给你记下这水声;冰心去到墓地,吴文藻也爱幽静,对着长眠九泉之下的异国同胞,冰心竟然唤起人生与人性哲学的思考,吴文藻自然还有更深刻的表述,人自知活着也就那么几十年,但谁也不甘清净,不甘流散,

第三章 留学美国

在康奈尔大学校园（1925）

不甘落伍，于是，就有了人生本质是悲剧的感叹，有了"这是悲剧之一幕呵，我做了剧中人"……吴文藻为冰心拍了许多照片，便放到照相馆去冲洗，冰心却是紧紧盯着，要"单子"，说是自己取，照片要了，连底版也不放过。可吴文藻也是有心之人，自然有办法把冰心的照片留在身边。

终于有一天，从落霞到月明，开始还有些矜持，不知不觉间，手和手拉到了一起，绕着BB湖，走呀，说呀，笑呀，几次还在石椅石凳上坐下，这样转了一圈再加一圈，吴文藻终于鼓起了勇气，终于开口了，却是找了一句文绉绉的话向冰心女士表达，说，我们可不可以最亲密地永远生活在一起？竟然用了一个提问句！水涧如雷的轰鸣，几乎将他的提问句冲到九天云外了，吴文藻问过之后，望着月下湖水、湖边的冰心，听着水的轰鸣、风的呼啸、心的狂跳，吴文藻加重了语气、态度与情感："希望能做你的终身伴侣。"冰心还是没有回答，瀑布的轰鸣任它而去，湖中的倒影也看不出脸上的绯红，冰心却说，夜凉了，该回了。可回到宿舍的冰心，长夜难眠，想了许多，可实际是什么也不能想，她被幸福感紧紧地裹在了不灭的灯光下。

第二天，校园中心区漫步，从科学大楼前第一任校长的雕像，走到对面创办者康奈尔先生面前，各怀心思地踩着地上两行脚印，一红一黑，来来回回，吴文藻时不时抬头窥看冰心，发现她眼圈乌黑，可眼睛明亮，一夜未眠？冰心终于开口了，她自己没有意见，但她的事情，自己是不能完全做主的，必须在父母同意之下，方能明确。不过，冰心望着乐呵呵的吴文藻，笑了笑说："我可是一个多病之人啊，说走就走，到时谁来与你终身相伴？"吴文藻立时为这玩笑话认了真来，说："反正做你的终身伴侣，你走哪儿我跟哪儿。"说到后一句话时，竟又轻松地笑了起来。

热恋中的一对年轻人，也去听课，每晚从教室出来，都要坐在石阶上闲谈，夜凉如水，头上不是明月便是繁星，于是，有了考试，冰心第一次考试得了 A，第二次得了 B，第三次降到B-……这就是爱情，在感情方面，女人的投入总是多于男人，哪怕是冰心这样的智者与才女。

难忘的绮色佳，最甜美的两个月，8月底，冰心和吴文藻的暑期补习结束了，冰心接受了吴文藻为其精心准备的礼物：一支幸福牌钢笔，一大盒印有谢婉莹三个字的第一个字母X.W.Y的特制信纸。这是冰心第一次接受吴文藻的礼物。

离开绮色佳后，冰心应邀前往参加"大江会"的活动。年会的地点确定在雪拉鸠斯（Syracuse），冰心与吴文藻同时前往，同时还有王国秀等同学，他们一行先游览著名的尼亚加拉大瀑布（Niagara Falls）。在三姊妹岩旁，观赏银涛卷地，乘雾姝号（The Maidof Mist）小船，直到瀑底。"仰望美利坚坎拿大两片大泉，坠云搓絮般的奔注！夕阳下水影深蓝，岩石碎迸，水珠打击着头面。泉雷声中，心神悸动！"于是想到绮色佳的瀑布，那60天的"深邃温柔"，都被此"万丈冰泉，洗涤冲荡"。"月下夜归，恍然若失！"这么一语轻带，一般的读者难解其中滋味，但若放进绮色佳之恋中，便可会心一笑了。

在雪拉鸠斯，冰心参加美东中国留学生"大江会"的年会。有罗隆基在年会做讲演，大力鼓吹国家主义。冰心、谢文秋、王国秀等女友，远远地听着、说着、笑着，并不十分在意，更多的是外出游玩。在这里，一大帮中国留学生，在异国他乡的土地上，也是"书生意气，挥斥方遒。指点江山，激扬文字"了一番，愉快地度过了十多个日日夜夜。

与林徽因相逢在绮色佳（1925）

八　《漱玉词》与《求婚书》

《寄小读者》最初的模样

李清照（易安）是唐宋以来最伟大的女词人，生于名门死于乱世，她与丈夫赵明诚的故事脍炙人口，既是"人比黄花瘦"的婉约派代表，又有"生当作人杰，死亦为鬼雄"豪放性的杰作。中国诗词的英译难度非常大，既有用典、象征、比兴，又有韵律、节拍与词牌的限制等，译不好便会韵味全无，甚至不知所云，而选择李清照可说是难上加难了。尤其是那时，英译李清照的参考文本，哪里去找？入学之初，冰心曾有一篇作文《孔子的哲学与中国的影响》，全班同学没有一个知道"孔子"是谁，老师让学生到图书馆查找参考书，可是威校的图书馆找不到几句有关孔子的英译，现在冰心选择李清照，威校的图书馆哪里能找到参考书？好在有"湖社"，有哈佛大学图书馆，有在哈佛念书的福建籍同乡陈岱孙。在哈佛燕京学社中文图书馆建立之前，哈佛大学的怀得纳（WIDENER）图书馆，中文藏书最多。1925年秋季开学后，冰心便去那儿查找资料。往往是陈岱孙在图书馆前等候，冰心来后，他们一同进去。那时陈岱孙是研究生，哈佛对研究生格外优待，不仅可以借书，还可以持证自由进入书库，书库里设有专门为研究生写论文的小桌，研究生可以根据自己的需要到书架上找书，用过后由馆内工作人员放回原处。陈岱孙有一个摆有书桌的研究小隔间，他就悄悄地把冰心带到这里，用自己的证件，拿着冰心需要的书目，进入书库。冰心在那间小隔间里静静地等候，陈岱孙一本一本地抱出来，冰心便飞快地看，做笔记，来不及摘抄的便带回威校，下次归还。

虽说李易安的词在中国享有盛名，但在欧美几乎无人知晓，冰心苦苦找寻，最后也只找到三人翻译她的词，却又不是英语，而是法语。在完全没有文本参考的情况下，进行李易安词的翻译，也就是说自己首次向英语世界的读者，介绍一位中国古代的女词人，这是要有很大勇气的。她的英国文学导师罗拉·希伯·露蜜斯博士问她为何作此选题。冰心回答是，李清照是中国 12 世纪最有才华的女诗人，她是一位真正的天才，直到 20 世纪的中国尚找不出一个人可与她媲美，并且说，历代中国的文学史上很少提到女诗人，这不平等。这确实是个很重要的理由，但这里可能还有其他的原因。

冰心进入实际的翻译前，确立了一些原则，这个原则使她在翻译中减少了一些困难，那就是放弃易安词的韵或节拍，词可吟诵，吟诵时有伴乐，翻译时不可能保持中文吟诵时的伴乐，译作也不可能成为有伴乐的诗歌。因此，她认为，"在翻译中看来可以做到的，而且希望能够做到的是要逐字精确地翻译。要保持原诗中经常引喻的古代人名和风俗习惯的风韵，尽量保持词的情态……"最终呈现的是根据原词译为"长短不一的英文格律诗"。

"逐字精确地翻译""保持词的情态""英文格律诗"这三点，成为冰心对李易安词翻译的三原则，这与她在尚未进入翻译实践时所主张的"顺""真""美"是一致的。冰心选择了《漱玉词》中的 25 首词进行翻译（其中之三《生查子》，为宋代女词人朱淑真所作。可能是王鹏运选编的《漱玉词》误收入），每天有时间便在一字一字地翻译、斟酌，对于前两项她自己觉得可以把握，但对后一项，成了一首完整的英文格律诗，常常是把握不准。冰心对英语的词汇、语感与发音，都达到了很高的水平,且对英语诗的研究是她的专业,但她毕竟没有以英语的思维方式写过英语诗,在这一点上,她的导师露蜜斯博士起到了重要的作用,给她以得力的指导。用冰心的话说,"她以自己想象力和诗的智慧帮助笔者把这些中国词译成了英语"。

冰心与露蜜斯博士合作得很好,很多时间她们在一起喝中国茶或咖啡,然后慢慢地品味李易安,在想象中将其转化成英语格律诗。当她们对一首词烂熟于心后,才开始在纸头上用钢笔写了下来,再推敲再斟酌。冰心回到宿舍后,再细细地体味,直到满意,便用英文打字机敲打出来,送给露蜜斯博士批阅。

最后完成是这样的,可将《声声慢》原词与译诗作一对照,看看冰心具体是如何翻译的:

> 寻寻觅觅
> 冷冷清清
> 凄凄惨惨戚戚
> 乍暖还寒
> 时候最难将息
> 三杯两盏淡酒
> 怎敌他晚来风急
> 雁过也
> 正伤心却是
> 旧时相识

满地黄花堆积

憔悴损如今有谁堪摘

守着窗儿

独自怎生得黑

梧桐更兼细雨

到黄昏点点滴滴

这次第

怎一个愁字了得（根据冰心手稿排列）

The Slow Tune

Seeking, searching, lonely I go,

Forlorn and sad, grieving with hurt;

The season grows warm, despite its chill,

Yet hard it is to find any rest.

How could two or three weak cups of wine

Fight now for me against sharp evening wind?

The geese fly by while I am in distress,

The very birds that once I knew.

Falling, the yellow flowers cover the ground;

They are all faded now

And who would want to gather them?

Alone by the window I keep my watch,

But day seems never to grow dark.

The fine rain drips on the sterculia leaves

And even with the evening never stops.

Alas, why should this one word "sad"

Grieve me so much？（《我自己走过的路》冰心译文）

每一首词的翻译都是这样产生的，比冰心自己写作《繁星》《春水》艰难得多，但冰心做得很愉快。为了让英语世界的读者，不仅从字面，并且从韵味上欣赏与理解李易安，冰心还以图表的方式，简明扼要地介绍中国诗词的常识，对所翻译的词背景、意境、情态等做了较为细致的论述。这个以"文体"为内容的论述，极见功底，不仅可以让读者对李易安的词有总体认知，而且可以担当每一首词中韵味、情态生活与风情的索引。而每一首词中针对英语读者的脚注，也可以帮助他们了解与体味词的具体意象。

在紧张的学习之余，冰心也想一些与吴文藻交往的趣事，望着窗外的白雪，心里有好多的甜蜜。与吴文藻从相识到交往也有两年多了，她在读着李易安时，怎么感觉到自己也成了李清照，而吴文藻真有几分像是赵明诚，这就更觉得好笑了。室温实在太高，烫得脸颊绯红，于是想到雪地走走，呼吸一下新鲜的冰冷的空气,也让自己的思绪平静下来。冰心从衣架上取下裘皮大衣,将娇小的身体紧紧地裹在里面,再加上围巾与帽子,还有长筒的靴子。一切停当之后,才从宿舍出来,下得楼梯,在楼道上再跺跺脚,开了门便出去了。

先是沿着慰冰湖行走,湖水已是厚厚的冰层,岸边的湖树也都没有了夏日的风情,雪压枝头默立湖岸,连摇曳的风姿也没有了。冬天的慰冰湖色彩是单调的,也就不曾写信告诉她远东的小朋友。行走时,想起中国诗画中"踏雪寻梅"的意境,便向图书馆的方向走去。从教堂旁擦过,便是一片树林,树丛的后面是图书馆,它与塔院之间,曾有一条小溪,冰心记得,小溪的两旁,一到春天,各种花树盛开,极是灿烂。现在寻来,大雪中,小溪也被积雪填满,前后犹如平地,不敢贸然走近,退回到图书馆的台阶前。此时,华灯初上,明月初升,雪地上大树枝丫的阴影,形成了各种各样的图案,横竖撇捺,酷像中国文字,又似写满自己心中的"相思"二字。冰心便又走进林中雪地,捡出一枝,信手涂鸦,写在雪地上:

躲开相思,

披上裘儿

走出灯明人静的屋子。

小径里明月相窥,

枯枝——

在雪地上

又纵横的写遍了相思。

这就是《相思》，冰心后来说，这是她在热恋中写给吴文藻的，但他却是不知。既没有寄给他，也没有告诉他，就留在雪地上，留在心底，后来还是导师问她是否写过情书，冰心才说了出来，记了下来。

1925年秋天，吴文藻进入哥伦比亚大学研究院，开始攻读社会学专业。清华学堂官费留学的时间为5年，达特默思学院用去了两年，他必须用这三四年的时间，攻下硕士与博士学位。这样，大处说，才有本领报效祖国，对个人而言，才可以在大学站住脚，为社会学科建设打下基础。吴文藻曾将自己的想法告诉冰心，也曾希望冰心继续留学。冰心理解并支持他，但并未答应继续留学。

在紧张的学业中，1925年的圣诞节来临了。曼哈顿到处闪烁着圣诞灯光，日夜不停的车流，给这个城市更是增添了喜庆的气氛。哥大校园中的吴文藻更是喜气洋洋，一大早便与王国秀在校门口会合，他们要去新泽西火车站迎接来此休年假的冰心。王国秀从威校毕业后，到了哥大历史系攻读硕士学位。

他们从车站将冰心接到哥大，就住在王国秀的宿舍里，每天，吴文藻便来陪同。他们一起到哈德孙河乘坐游船，前往自由女神岛，虽是冬天，但阳光下还算温暖，海风吹来，并不觉得太冷，两人手拉手绕着基座慢行，然后又乘电梯登上女神的顶层，"天风海涛"，冰心脱口而出，似乎回到了童年的烟台，回到了那手举火炬充当灯塔守的幻想中。这一切吴文藻原来也知道，冰心觉得好生奇怪，这回吴文藻来了一个故作神秘状，心想，你那《往事》（二）中不是写得清楚了吗？实际上，他们自从交往后，冰心在国内发表的作品，吴文藻基本都读过了，而冰心经常发表作品的《小说月报》，已是吴文藻的订阅刊物了。

从哈德孙河公园上岸，他们去了华尔街，20世纪20年代美国的经济处于复苏时期，金融业开始繁荣，华尔街的热闹已现端倪，但这一切似乎与自己关系不大。他们未做停留，从华尔街乘了公共汽车去时报广场。这天恰好是1925年的最后一天，时报广场除旧迎新的活动已经开始，他们好不容易钻进人群之中，在倒计时中，等候着焰火盛开，钟声敲响，新年来临。

更有趣的是百老汇看戏，莎士比亚的《罗密欧与朱丽叶》正在上演，吴文藻征求冰心的意见，冰心笑而不答，恋爱中的吴文藻自然明白，便去买了票，进入剧场，发现座无虚席，找到的位置原来是最后一排，冰心却是高兴，说这样好，累了还可以靠在后面的柱旁站一会儿。英语的莎士比亚原汁原味,两位恋爱中的中国留学生像舞台的演员一样,也会进入戏中情景。作为英国文学的研究生,有些台词,冰心也是可以背诵的,但是看演出,情景完全不一样,真是感动!而能够与自己爱的人共同欣赏这样一出西方的《梁山伯与祝英台》,更觉得幸福!冰心轻轻地靠在吴文藻的身旁,吴文藻则把冰心的手握在掌心,两颗年轻的心在罗密欧朱丽叶的面前陶醉了。

出游回来,吴文藻总要将冰心送到王国秀的住处,发现也总是有朋友来访,还引起了王国秀的抗议,说,冰心是我的客人,可时间都被你们占去。被抗议者则反击,说,国秀言差矣,冰心乃吴先生之客人,也是我们大家之客人,怎可独占"花魁"?于是,引来一阵欢笑。

回到威校时,已是1926年开初,波士顿的天气依然寒冷,许多地方的积雪尚未融化,娜安辟迦楼还在冰雪的包围中。冰心静下心,除了到冰封的慰冰湖滑滑冰外,其他的时间都在论文写作与李易安的翻译上。她希望能早点提交给导师,请她指教,如能早日确定论文答辩的时间更好。当慰冰湖开始荡漾之时,冰心的李易安全部完成。在装订整齐后,恭敬地递交给了导师露蜜斯博士。(人们在很晚才读到这部《李易安女士词的翻译和编辑》。1980年,冰心的大女儿吴冰前往威尔斯利寻访,在该校的图书馆中找到了论文的原件。2006年我在数学系步起跃教授的陪同下,造访了图书馆,管理员很快找到了论文原件,英文打字的字迹没有半点褪色,甚至连字母敲击时轻重的痕迹都清晰可见)

送别冰心后,吴文藻也开始了紧张的硕士学位论文的写作,他"以学术研究为祖国服务"的主导思想,选择了研究孙中山的三民主义学说,论文的题目为《孙逸仙的三民主义学说》(直到现在,我们仍未看到这篇论文),吴文藻自己说:"我写这个题目,一方面是因为思想上对孙中山三民主义的信仰和追随,另一方面是因为当时国内国民革命高涨,北伐战争胜利发展,故写了这篇为国宣传的论文。"在一定的意义上说,论文也受到了"大江会"观念的影响。在论文之前或者同时,吴文藻发表了他学术生涯中的第一篇论文《民族与国家》,从此可以看出他的治学方法与关注的问题:三民主义、民族、国家,都是忧国忧民的大理论问题。

吴文藻这篇论文,与冰心的《绮色佳Ithaca》发表在同一期刊物上。一为爱情,一为事业,两朵生命之花,绽放在西方的土地上。吴文藻在完成论文答辩后,乘车前往波士顿,他要帮助冰心做回国前的各种准备,更重要的是,他记住冰心绮色佳的承诺,也明白还有一道关坎——父母的俯允。现在她先行回国，父母的俯允，是她本人征询还是别的方式？吴文藻问冰心，冰心心里自明，对于婚事，只要她自己愿意，父母也会同意，但冰心还是给未来的姑爷一个表现机会——写求婚书！

吴文藻果真认真对待起冰心的意见，刚刚完成了硕士学位论文，躲进剑桥青枫下的小楼里，开始撰写起婚姻与人生的"论文"来。写好后，细细地修改、打磨，最后重抄一遍，在夏日午后的斜阳里，恭敬地递给了冰心，请她帮助修改。冰心看他的认真样，边看，边就在心里发笑，说，你是不是真在写论文？你把你的社会学、人类学都用到这里了？从冰心的语气里，吴文藻感受到了亲切，便笑而不答，最后，冰心提了一些建议，并且希望将他自己的身世与家庭情况写上，吴文藻一一应诺，回到剑桥，斟酌修改，再用清秀的钢笔字誊清：

谢先生
太太：

请千万恕我用语体文来写这封求婚书，因为我深觉得语体文比文言文表情达意，特别见得真诚和明了。但是，这里所谓的真诚和明了，毕竟是有限的。因为人造的文字，往往容易将神秘的情操和理外的想象埋没掉。求婚乃求爱的终极。爱的本质是不可思议的，超于理性之外的。先贤说得好："道可道，非常道。名可名，非常名。"我们也可以说，爱是一种"常道"或是一种"常名"。换言之，爱是一种不可思议的"常道"，故不可道；爱又是超于理性之外的"常名"，故不可名。我现在要道不可道的常理，名不可名的常名，这其间的困难，不言自明。喜幸令爱与我相处有素，深知我的真心情，可以代达一切，追补我文字上的挂漏处。

令爱是一位新思想旧道德兼备的完人。她的恋爱和婚姻观，是藻所绝对表同情的。她以为恋爱犹之宗教，一般的神圣，一般的庄严，一般的是个人的。智识阶级的爱，是人格的爱。人格的爱，端赖于理智。爱——真挚的和专一的爱——是婚姻的唯一条件。为爱而婚，即为人格而婚。为人格而婚时，即是理智。这是何等的卓识！……

一封以论文的形式写就的求婚书。其中论及爱情的专一、爱情的价值、爱情的目的，爱情与道德、爱情与宗教、爱情与人格、爱情与学业，爱情与家庭改良与社会改良之关系等，重点在于论述寻求一位承担完成社会改良之重任的志同道合者，以作"立德立功立言等等垂世不朽的事业"。这种求婚的方式，这封求婚书的内容，极为真切地体现了吴文藻认真、憨厚、一丝不苟等性格及以改造社会为己任的社会责任感，体现了吴文藻留学时的精神追求，与他的硕士学位论文、处女作论文三足鼎立、观点互补、观念一致。"求婚书"当属私密文件，到了20世纪80年代后，才开始在一定的范围内流行，之后在青年中、在社会上流行。随着时代的变迁，读者从中读到的东西越来越多，爱情者读到了纯真，道德学家读到了良知，社会学家读到了改良，人类学家读到了家庭的价值与意义……而那句"令爱是一位新思想旧道德兼备的完人"，几尽冰心一生。网络上，有人将吴文藻的《求婚书》与林觉民的《与妻书》并列，称他们同为20世纪两大"情圣"，他们写作的背景完全不同，一个在盛开自由之花的国度，一个走在赴死的荆棘路上。一个求生，一个求死；一个奔向幸福，一个视死如归。但都条分缕析、含情脉脉。

10天之后，冰心带着吴文藻的求婚书，带着她的硕士学位，也带着某些隐约的留恋，告别了美丽的威尔斯利，告别了慰冰湖，告别了亲爱的同学，告别了美国的"家"——鲍老牧师夫妇。晚风吹拂中，依然在西海岸的西雅图上船了，还是约克逊总统号邮船，海天、海浪、绮丽的海洋之景，物依旧，景依然，人却两非，熟悉的只有吴文藻的同窗好友潘光旦。又一个15日的航程，虽有家有国彼岸召唤，但水天茫茫，也无《海啸》，甚至爬至桅杆表现的激情也没有了。好在潘光旦是位饱学之士，于是，约克逊总统号邮轮头等船的甲板上，晚霞里、清风中，常常见到一位手持双拐的学者、一位蛾眉秀发的女士，谈笑风生。

7月26日夜，约克逊总统号邮轮驶入近中国海，波涛如吼，水影深黑，明月在水上铺成一条闪烁碎光的道路。看着船旁哗然飞溅的浪花,冰心真切地感受到故国的气息了。"母亲!我美游之梦,已在欠伸将觉之中。祖国的海波,一声声的洗淡了我心中个个的梦中人影。"第二天早晨,天未明时,冰心即起,望见江上片片祖国的帆影,完全不能入睡,"俯在圆窗上看满月西落,紫光欲退,而东方天际的明霞,又已报我以天光的消息!母亲,为了你,万里归来的女儿,都觉得这些国外也常常看见的残月朝晖,这时却予我以极浓热的慕恋的情意"。与3年前远游时的愁绪,形成了鲜明的反差,造就了两个不同的世界。扑进母亲怀抱的喜悦,已是溢于言表:

念七日的黄昏,三年前携我远游的约克逊号,徐徐的驶进吴淞口岸的时候,我抱柱而立。迎着江上吹面不寒的和风,我心中只掩映着母亲的慈颜。三年之别,我并不曾改,我仍是三年前母亲的娇儿,仍是廿余年前母亲怀抱中的娇儿!(《寄小读者·通讯二十八》)

冰心以喜悦的心情,回到上海。离去时的愁肠百结,被归时的快乐喜悦所替代。与离去时一样,住在表兄刘放园的家里,接风的酒宴自然热闹,谢家杨家的亲属来了一大帮,"哥哥姊姊们又喜欢灌我酒。前晚喝的是'大宛香',还容易下咽,今夜是'白玫瑰露',真把我吃醉了。匆匆的走上楼来和衣而卧。酒醒已是中夜,明月正当着我的窗户。朦胧中记得是离家已近,

《寄小读者》初版本

才免去那'杨柳岸晓风残月'的悲哀"。放园表兄还告诉冰心，集龚的楹联，"世事沧桑心事定，胸中海岳梦中飞"，已让任公先生书就。刘放园此时已离开文坛改在商界任职，但与一代文人依然往来，从"五四"登上文坛之初，放园表兄所做的一切，都令冰心受益终身，包括这次梁任公书写的楹联。

热闹的上海，回家的路上，正当冰心将美国留学生活欲入烟云之列时，却又收到二弟为杰从北京寄来的《寄小读者》，只匆匆地翻过，止水般的热情，重又荡漾起来！5月间，冰心还在美国时已经得到消息，《晨报》连载3年的游美通讯，不断在青年读者中投下涟漪，每一篇都留下了美好而深刻的印象，北新书局抓住机会，瞄准市场，趁着冰心归国之际，推出留美作品集《寄小读者》，收入通讯27篇、山中杂记10则。现在，散发着墨香的新书已在手上，封面上丰子恺的设计，太符合自己的心意了：

一位光光头的小朋友席地而坐，专心致志地读着一本打开的书，书的封面是冰心的手书——寄小读者。

为了使《寄小读者》完整地记录留学美国的全过程，冰心在上海与北京分别又写了一篇，这样，书的通讯增加至29篇。首次印刷后，10个月的时间，已是第四版了。两篇后写的通讯收入第四版，冰心为这个版本，写了自序："假如文学的创作，是由于不可遏抑的灵感，则我的作品之中，只有这一本是最自由，最不思索的了。"一般而言，冰心的作品，无论小说、散文还是诗歌，都是自由的不假思索的写作，因而，她在这里加了两个"最"，"最自由，最不思索"，舟车途中、湖畔泉边，信手拈来，皆成文章，自由而不思考的文字，自然是文学中的最佳状态。写作的最佳状态，并有发表与出版的自由状态，形成了这部作品的基本特征。四版之后，《寄小读者》便以精湛的内容、精美的形式，亭亭玉立于中国新文学之林，在儿童文学的行列中，站在了前头。

从此《寄小读者》成了现代文学尤其是现代散文的代表之

作，成了"五四"之后中国现代散文发展的源头，自然也成了冰心最具代表性、最具经典意义的作品，甚至成了冰心的代名词，其重要性与文学的成就，超过了之前的《繁星》《春水》《超人》等，自它面世以来，日益产生着影响——情感的与书写的、文本的与外延的。如果说五四时期的创作，使一位在校的女大学生成为中国新文学骁将，那么，《寄小读者》的发表与出版，则使冰心成为鼎鼎大名的女作家了。

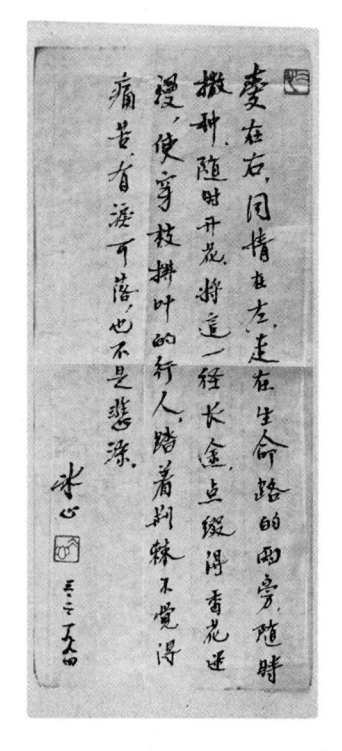

与林徽因相逢在绮色佳（1925）

第四章 从北平到东京

战后随在中国代表团任职的丈夫
吴文藻旅居日本（1947）

一 燕南园

1929年6月15日，冰心与吴文藻在临湖轩举行婚礼，证婚人司徒雷登

留学归来后，冰心回燕京大学任教。根据留学学历，聘为国文系讲师，讲授一年级必修课和西洋戏剧史。同时，由于她的文名与影响，担任了燕京大学委员会委员，《燕京学报》编委［容庚任编辑委员会主任，赵紫宸、冯友兰、谢婉莹、吴雷川、许地山、黄子通、洪业（煨莲）为编委］。《燕京学报》第1卷第1期，发表署名谢婉莹的大学毕业论文《元代的戏曲》。

1928年12月，燕京大学校长住宅修葺完成。这座楼可以说是燕园最古老的一所建筑，早在1860年英法联军火烧圆明园之前，这里是乾隆皇帝赠予宠臣和坤的淑春园中的"临风待月楼"。当淑春园被烧成灰烬之后，只有湖边的石舫基座和这座楼保存了下来。燕京大学买下燕园作为新校址时，那个昔日的皇家园林已经是一片衰颓景象。"临风待月楼"的修缮由美国人乔治·柯里夫妇捐资，并指定归校长司徒雷登居住，但不以捐赠者的名字命名。修葺完成后，司徒雷登请冰心为住宅命名，冰心看到楼下的未名湖水，遂命名为"临湖轩"，并出面请胡适题写匾额（《我与司徒雷登的关系》）。

冰心因为单身，暂住新校区燕南园53号教师宿舍，3年后即1929年6月15日，与在赴美船上认识的清华留美学生、哥伦比亚大学博士吴文藻结婚。婚礼在未名湖畔的临湖轩举行。筹备委员会将婚礼的现场布置得庄重、简朴、美观，"司徒雷登先生的家本来就是一幢有中国特色的建筑物，举办仪式的客厅既大又气派"。午后2时，清华大学开来一辆大轿车，校内和校外被邀请的客人100多人，除了10名左右的亲戚以外，其余的都是燕京、清华两所大学的同事，陈岱孙、江先群、陈意等。没有邀请学生，怕人太多。4时整，婚礼开始。"客厅里缀满了鲜花。所有的东西都是纯白的白丁香、毛樱桃梅、白玫瑰、海薯、栀子等，而且新郎新娘走在用纯白缎子铺的通道上。全体来宾站在仪式台前这条白缎子通道的两侧。仪式台上放置的两个缎垫也是纯白的，宣誓时跪在上面。因为我们是以

怀抱儿子吴宗生（1930）

中国现代出版史上第一部作家全集《冰心全集》版本（1932年）

基督教的仪式举行婚礼,所以司徒雷登先生为我们做了主持。音乐是钢琴与四把小提琴的合奏,十分悠扬肃然。"(冰心《纯白的婚礼》)

婚后,冰心产下一男两女。儿子吴宗生(吴平)、大女儿吴宗远(吴冰)、小女儿吴宗黎(吴宗黎)。因为相夫教子,作品明显少了,但也有《分》《冬儿姑娘》《我们太太的客厅》等小说,《南归》与《平绥沿线旅行记》两部纪实性的作品面世。然而,创作的淡季,却又是作品出版的旺季。这种相悖的现象,成为冰心燕园时期的奇异现象。

北新书局在三个方面出版冰心的作品:一是冰心的新作,冠以"黄皮丛书",封面设计以黄色为标志,简易刊行。这个丛书系列,与"新潮社文艺丛书"有相似之处。冰心的《南归》(散文集)、《闲情》(小说诗歌集)、《冰心游记》(《平绥沿线旅行记》)、《姑姑》(小说集)等,都是作为"黄皮丛书"由北新书局及时推出。二是出版作品集,如《去国》(小说集)、《冬儿姑娘》(小说集),它与"黄皮丛书"有所区别,即是冰心早期的作品,或者大多为早期作品,这种作品集不属北新的初版,其他的出版商还在使用,北新仍然不放过,与作者协商版权,得以出版。三是对已拥有版权的作品集,大量地重印、再版,比如《寄小读者》《春水》等,包括"黄皮丛书"与其他单行本的再版的周期与速度,都与市场紧密接轨,稍一脱销,即行印刷。一个北新书局便将冰心的作品弄得满天飞,长销不衰,既体现了冰心的作品受大众欢迎的程度,反映了那个时代的审美需求,也说明了民国时期出版商的敏锐、敬业与对市场的准确把握。

其他一些小出版公司也加入了竞相出版冰心作品的行列。如大公书局《冰心杰作选》、上海新文学社《冰心女士小说集》、上海艺林书社《冰心文选》、仿古书店《冰心文选》、新京启智书店《冰心小说集》、上海万象书屋《冰心选集》等,将冰心的作品炒得沸沸扬扬,满世界都是,没有一家书店书亭,没有冰心女士的作品集。同时,还有大量的盗版本出现,《冰心作品选粹》《冰心文选》《冰心女士近作集》《冰心名篇新编》等,几成泛滥之势。由此,又逼出了一套冰心自认为向不敢出版的《冰心全集》:

> 我从来没有刊行全集的意思。因为我觉得:一、如果一个作家有了特殊的作风,使读者看了他一部分的作品之后,愿意读他作品的全部,他可以因着读者的要求,而刊行全集。在这一点上,我向来不敢有这样的自信。二、或是一个作家,到了中年,或老年,他的作品,在量和质上,都很可观。他自己愿意整理了,作一段结束,这样也可以刊行全集。我呢,现在还

未到中年；作品的质量，也未有可观；更没有出全集的必要。

但是因为盗版本众多，冰心只得出版一个正版本，"以正视听"了。于是，在1932年与1933年之间，《冰心全集》隆重登场。8月首先现身的是《冰心全集之二——冰心诗集》，9月紧跟《冰心全集之三——冰心散文集》，翌年的1月，《冰心全集之一——冰心小说集》也来了。多少年后，有学者研究民国时期的出版情况，发现并指出了这一现象，北新书局出版的《冰心全集》，是中国现代文学出版史中出版的第一部作家个人全集。

对于冰心的作品，阿英就说："在中国的新文艺运动的前期，曾经给予当时社会以广大的影响，而'几乎是谁都知道'（《西滢闲话》）的女性作家，据我所知道的，那只有《超人》的作者——谢婉莹。"沈从文则认为："十年来在创作方面，给读者的喜悦，在各个作家的作品中，还是无一个人能超过冰心女士……冰心女士的作品，以一种奇迹的模样出现，生着翅膀，飞到各个青年男女的心上去，成为无数欢乐的恩物，冰心女士的名字，也成为无人不知的名字了。"

随着作品进入不同的选本，经过了五四新文化运动以来十余年时间的检验，冰心的作品进入到了研究阶段。大量的评论与研究的文章出现，各种不同的声音都有，为了配合《冰心全集》

的出版，北新书局编选一本冰心论集。编者李希同寻访了自从冰心走上文坛之后的所有关于她的评论文字，从中选出24篇，兼容了各种不同的观点，而对没有入选的文章也在跋中列出了篇目，定名《冰心论》。《冰心论》与《冰心全集》一样，基本上反映了20世纪30年代初，冰心创作与冰心批评的全貌。面对不同的观点，李希同明确表示："冰心以为文学作品贵在真诚地表现他自己。我们只能就人论人，还他一个客观的价值，不参与批评者主观的成分。冰心只是冰心，不是任何其他人。她的作品里，内容是爱母亲，爱小孩，爱海，爱朋友，爱小生物，基调是爱；她的文笔是雅淡的、简练的、融会了古人之诗文的。——这一切形成了冰心特有的作风，使她成为现代中国女作家的第一人。"

最为系统的研究当为茅盾，他的《冰心论》对冰心的作品有批评，有肯定，对冰心的"问题小说"、对冰心的文字与技巧，都有很高的评价，他的一段关于冰心在五四时期作品的个性表现，成为后来的研究者经常引用的名言：

在所有五四时期的作家中，只有冰心女士最最属于她自己。她的作品中，不反映社会，却反映了她自己。她把自己反映得再清楚也没有。

燕南园时期的冰心，有过两次长旅。应平绥铁路局长沈昌先生的邀请，利用1934年的暑期，冰心、吴文藻发起组织了一个旅行团，沿着平绥铁路，开展社会、文化、政治、民族等方面的考察。团员各有专长，他们是文国鼐女士（Miss Auagusta Wagner）、雷洁琼女士、顾颉刚先生、郑振铎先生、陈其田先生、赵澄先生，包括冰心和吴文藻，一共8人。旅行团从清华园站出发，沈昌派出公务专列，不仅设备齐全，服务周到，还有准确的"数据库"呢。车站与车站之间的距离，准确到十位数，海拔的高度小数点后是3个数，冰心对每一个车站都有完整的记录，其如：清华园路丰台站20.21公里，高度40.538公尺，康庄站距丰台站84.80公里，高度为498.348公尺，

与雷洁琼蒙古包前合影（1934）

停与不停的站均有记载。车刚开出，旅行团便在车上的会客室开会，顾颉刚教授根据各人的专长，明确分工：陈其田注意沿线经济状况，雷洁琼关注宗教状况，文物古迹自然是郑振铎，民族历史方面顾颉刚自己担任，蒙古包归吴文藻，文国鼐写英文导游手册，赵澄担任摄影，冰心则记载沿途印象。这次旅行，教授们都有大的收获，郑振铎写了《西行书简》，以书信的方式，详细记录了西行的情景。吴文藻以社会学的观察，完成了《蒙古包》的论文。冰心除了长篇游记《平绥沿线旅行记》之外，还根据这次旅行得来的素材，写作了小说《二老财》。

另一次是1936年至1937年用了一年的时间，随吴文藻欧美游学，从北平至南京，南京而上海，以后便在海外：东京、西雅图、波士顿、纽约、巴黎、罗马，再回巴黎观看世界博览会时，冰心应邀有过一次演讲。那是1937年2月14日——西方的情人节、中国春节后的大年初四，且是星期天，在巴黎拉丁区中法友谊会，冰心、吴文藻被留学生们簇拥着走进演讲厅，里面已密密麻麻地坐满了人，用现场者的话说："到会听讲者众，极巴黎一时之盛。"冰心无演讲的题目，完全是即兴发挥，讲的是从北平出发，经过日本、檀香山、波士顿、纽约、伦敦、意大利等地，直到巴黎，一路所见与所思。由于对象是中国留学生，便将日本、美国、英国、意大利的观感与中国对照起来

第四章 从北平到东京

旅欧途中,在罗马郊外(1936)

讲,不仅生动亲切,而且有了思想的力度。"在山上加波里的将军铜像下,可以看到用义(意)大利文写的一句话:'守不住罗马城毋宁死'。我回想到,我们自己美丽的北平城,都不会有人在景山上写这种话。""中国人有句秀才话:'文章是自己的好,老婆是别人的好',我们如拿中国与外国来比,我觉得中国那些艺术,如建筑、绘画……没有一样不能和外国比,这是我们的文章。但是他们管理的人,能把整个国家弄得井井有序,这是我们的老婆不如他们的好。"冰心的演讲由留学生孙鲁生记录整理成稿,《冰心女士在巴黎演讲——由出国到现在》,连载于北平《世界日报·妇女界》。(刘涛《冰心1937年在巴黎的一次演讲》)吴文藻的演讲未见文字稿,以后便是伦敦、柏林、莫斯科等，待周游世界一圈回到北平后，卢沟桥事变发生，中国进入了全面的抗战。

旅欧途中（1937）

二 云南默庐

离开北平前,全家在居住了十年的燕南园66号小楼前合影留念(1938)

北平沦陷后,冰心因为有孕在身,一时走不出去,待孩子出生后,即安排离开燕南园,前往大后方参加抗战活动。"一九三八年秋,我们才取海道由天津经上海,把文藻的母亲送到他的妹妹处,然后经香港从安南(当时的越南)的海防坐小火车到了云南的昆明。这一路,旅途的困顿曲折,心绪的恶劣悲愤,就不能细说了。记得到达昆明旅店的那夜,我们都累得抬不起头来,我怀抱里的不过八个月的小女儿吴宗黎忽然咯咯地拍掌笑了起来,我们才抬起倦眼惊喜地看到座边圆桌上摆的那一大盆猩红的杜鹃花!"(《我的老伴——吴文藻》)

在朋友的帮助下,很快在螺峰街找到了一处住房,冰心一家从旅馆搬入,正式开始了昆明的生活。对春城昆明的印象,冰心曾用过四个字概括:绚烂芬芳。她说,那儿的"天是蓝的,山是碧青的,湖是湛绿的,花是绯红的。空气中永远充满着活跃的青春气息"。她说,早晨带了一两块钱出门,便可购得大捆的鲜花,茶花、杜鹃花、菊花,她说,还有许多不知名的热带的鲜艳的花,抱回来可以把几个房间摆满。冰心之所以有此兴致,自然与她的性格有关,同时,也与心境有关,在北平的那些日子,是绝对的压抑,走出北平的心情极为急迫:"我走,我要走到天之涯,地之角,抖拂身上的怨尘恨土,深深地呼吸一下兴奋新鲜的朝气。"现在到了昆明,竟是山清水秀,呼吸到了新鲜的朝气,渐渐地除去了旅途的艰辛,竟也装点起新的环境新的家来。

安顿之后,吴文藻到云南大学去做中英庚款资助的人类学讲座教授,同时创办社会学系。西南大后方的昆明,抗战之后的两三年间,几乎成了中国的一个文化中心,西南联大不用说,傅斯年领导的中央研究院历史语言研究所,梁思成的中国营建学会等学术机构,也曾转移到这里。除了北平的学者,还有南京重庆的政府大员、上海的银行家、广东香港的商人和武汉的企业家,有各路大军以及普通中国人,甚至还有金发碧眼的西

第四章 从北平到东京

在云南呈贡（1939）

方人，人口急剧膨胀到了50多万。而当一切就绪之时，日本的飞机也就来了，开始是试探性的，并不急于扔下炸弹，但跑警报就成了日常生活的内容，警报一响，一跑就是几个小时，甚至十几个小时，令人难以承受。

为了躲避轰炸，冰心一家于1939年夏末搬到郊区呈贡，那时县城已经找不到房子，只得先在文庙暂住。已经迁到文庙里的西南联大国情普查所，所长是戴世光教授，为了欢迎女作家的到来，专书楹联一副："半间东倒西歪屋，一个千锤百炼人"。文庙虽有人气，但毕竟太小，冰心托人四出找房子。呈贡是个不大的县城，城内东北部为三台山，山腰有一座很平常的小庭院，周围没有人家，上去也只有坎坷不平的小山路。这个孤零零的小院落并非居家之所，而是斗南村华姓大户守墓的地方，题为"华氏墓庐"。房子坐西向东，东边围墙长十余米，围墙上有一道木门，走进木门是一个小院，有正房三间，一楼一底，楼上有回廊，正对东方，是早晨看日出的好地方。楼房后面的窗子正对西方，可以看见远处的滇池和西山。房屋后面是古老的苍松翠柏，还有群山良田环绕，环境极是幽美。冰心一看，很满意，可是墓庐的主人说什么也不愿意出租。最后，县长李悦立出面找墓庐的主人商量，说，冰心是大老远从北平来的作家，房主才答应下来。

搬进三台山半山腰的华氏墓庐，冰心开始静下来，这是自离开燕南园之后所不曾有的。面对"华氏墓庐"的牌子，冰心在心里默改两字，"谢氏默庐"，若将前面两字拿去，便是"默庐"了。吴文藻继续在城里居住，节假日便回到默庐的家。冰心在信中告诉友人，她已经开始振作起来了，她想从身边写起，从心境写起，然后走向广阔天地，写出伟大的时代、伟大的抗战。终于在一个静夜里，冰心在红烛微光中，悄悄地试运着自己的笔，篇名便用"默庐试笔"。

呈贡为了培养师资，扩大基础教育，开办了呈贡简易师范学校，与县城的呈贡初级中学合办。校长昌景光是位有知识有胸怀远见的人，充分利用了战时呈贡的人才资源，请北平来的大学者、大教授来当老师，陈达、沈从文、费孝通、孙福熙、叶雪安、张兆和、沈如瑜、赵凤喈、戴世光、林亭玉、刘雪然、张震等，都先后在简易师专教授过课程，这在平时是想都不敢想的事情，战争逼得他们蛰居山城，才有了如此豪华的教师阵容。冰心也成了简易师专的老师，而且是义务性质的，每周都为孩子们上课，还受昌景光校长之托，为简易师专写了一首校歌：

  西山苍苍滇海长，
  绿原上面是家乡。
  师生济济聚一堂，
  切磋弦诵乐未央。
  谨信弘毅，
  校训莫忘。
  来日正多艰，
  任重道又远，
  努力奋发自强。
  为己造福，
  为人民增光。

三 重庆潜庐

新生活运动七周年纪念活动,宋美龄等与会者共用便餐,左一为冰心(1941)

冰心在默庐时,接到友人从重庆来信,言及宋美龄领导的"新运妇女指导委员会"缺少一名文化事业组组长,希望冰心能到重庆去担任此职。宋美龄则以威尔斯利女子大学校友的名义,邀请冰心到重庆参加抗日,别闲居在昆明一个小地方了。而吴文藻的英庚款的"讲座"也受阻,清华的同学希望他到重庆去任职。于是,1940年11月22日,冰心一家乘坐中华航空公司的飞机,飞往战时陪都重庆。飞机着陆在珊瑚坝机场。冰心牵着孩子们的手走下舷梯,早已等候在机场迎接他们的浦薛凤、顾毓琇从不远处踏着沙滩上的大石子摇摇晃晃地向这边跑来。

一见面，就欢喜地彼此握手、招呼，热情地接过冰心和吴文藻手中的行李，领着他们往岸上走。

因住房紧张，冰心一家暂住顾毓琇的中一路"嘉庐"。嘉庐是建在山坡上的一栋独立的房子，楼上是驻苏联大使租住，楼下为顾毓琇租住。11月26日，冰心接替沈兹九出任妇指会文化事业组长的职务。在接受宋美龄的聘任之后，同时以"信望久著之人员"，遴选为第二届国民参政会参政员。到任后，冰心即着手进行以蒋夫人的名义设立的文学奖。这个奖还是在年初，三八妇女节，宋美龄为奖励妇女写作及提拔新进妇女作家，责成文化事业组举办了"蒋夫人文学奖金"。征奖资格以30岁以上未曾出版过单行本著作的女性为限。文体规定为有关妇女问题的论文和文艺创作两种。奖金总额为3200元，由宋美龄从美国募捐而来。征文启事发表后，有552名妇女应征，收到征文稿件360份。宋美龄亲自聘请吴贻芳、陈衡哲、陈布雷、郭沫若、朱光潜、谢冰心等知名人士组成"蒋夫人文学奖金评判委员会"进行评选。冰心以前并未参加过此类的评奖，但文学总是不陌生的。于是，冰心将初评选出的120篇作品，分成论文卷与文艺卷，论文卷送陈衡哲、吴贻芳等人评阅，文艺卷由郭沫若、杨振声、苏雪林和自己审阅。经过一段时间的努力，于妇指会成立3周年之际公布评奖结果，19名参赛者获奖，获奖作品发表在《妇女新运》杂志上。

评奖结束之后，妇女指导委员会秘书长张蔼真希望冰心对青年写作者做一次辅导，谈谈这次征文评奖中的有关问题，以提高女青年的写作能力。冰心爽快地答应了，也就是在妇指会成立3周年的纪念周中，冰心做了一次《由评阅蒋夫人文学奖金应征文卷谈到写作的练习》，从征文的优点与缺点开始引申出写作的条件，一二三、ABC，开列得很具体，都是一些写作与阅读的常识，但到最后，谈到了作者的修养与写作的风格，说"一个作家要养成他的风格，必须先养成冷静的头脑，严肃的生活和清高的人格"。

在重庆，冰心开始被这儿的火热生活所感动，一贯爱静不爱动的她说："我渐渐的爱上了重庆，爱了重庆的'忙'，不讨厌重庆的'挤'，我最喜欢的还是那些和我在忙中挤中同工的兴奋的人们，不论是在市内，在近郊，或是远远的在生死关头的前线。我们是疲乏，却不颓丧，是痛苦，却不悲凉，我们沉默的负起了时代的使命，我们向着同一的信念和希望迈进，我们知道那一天，就是我们自己，和全世界爱好正义和平的人们，所共同庆祝的一天，将要来到。我们从淡雾里携带了心上的阳光，以整齐的步伐，向东向北走，直到迎见了天上的阳光。"
（《从昆明到重庆》）

因为躲避轰炸，同时也由于健康原因，冰心花了6000元购下歌乐山腰的一幢土房子，地址为"林家庙3号"。冰心将其命名为"潜庐"。吴文藻仍租住城内顾毓琇的"嘉庐"，周末回歌乐山的家。因与宋美龄事先有约定，担任文化事业组组长是短期的，上歌乐山后，即辞去组长的职务，并答应宋美龄的要求，推荐李满桂接任，但对外冰心依然挂职组长。同时，以组长和女参政员的名义，依然为妇指会做一些力所能及的工作。

冰心在重庆与在昆明不一样，这里除了文化氛围外，还有许多了解和熟悉她的朋友，有懂得她的影响与意义的人士，包括政界的宋美龄、文艺界的老舍、作家中的梁实秋等，所以，她一到，报刊的编辑、记者便找上门来了，不像在昆明，到了一年也没人注意到她，直到燕大学生杨刚在香港接掌了《大公报》文艺副刊之后，才催生了《默庐试笔》。重庆最早找上门来的是刘英士，吴文藻清华的同学，自然明白冰心的价值。那时，他在重庆主持《星期评论》（重庆版），梁实秋以子佳的笔名，在刊物上开设专栏《雅舍小品》，颇得读者喜欢，刘英士希望冰心也在刊物上开设专栏，栏目的名称由冰心自己设定，他只管发稿、送稿费。与梁实秋说的一样，"与抗战有关的"不会写，写点别的是否可以？刘英士自然欢迎，写什么都行，只要是冰心女士写的。但这一回，连"冰心"二字也不打算使用，以"男士"的名义专门谈"关于女人"如何？就用这个栏目《关于女人》。冰心告诉刘英士，女人的话题与男性的角度，一定会引起人们的兴趣，给紧张的战时生活平添一些谈趣。开篇的《我最尊敬和体贴她们》《我的择偶条件》，像是在众人面前的戏说，一种调侃、两份幽默、三成风趣，以四川人摆龙门阵的方式，一列开出对女人尊敬体贴的原因，而那选择什么样的女人作为配偶，竟然罗列了26条之多，要不是朋友"制止"，恐怕还得开列下去。这两篇文章，一改冰心以前的风格，之后又以轻松、调侃的笔调，一个一个地写起了身边的女人。从我的母亲写起，我的老师，我的三个弟媳，我的奶妈，我的同班，都是与自己人生有关的女人，我与她们的故事，从城里的"嘉庐"写到歌乐山的"潜庐"，从早春写到酷暑写到秋凉写到寒冬，直到嘉陵江的流水被冰雪覆盖，冰心才落下她的笔，凝神眼前的红烛，听着窗外林间夜鸟低语，还幻想与她笔下的女人生活在一起的温情。

就在冰心庆幸以"男士"笔名带来写作的自由时，还是被眼尖的文学研究会的同人叶绍钧先生识破，以为此等干净之文字，只有冰心可以写得出来，并且从这些文字中发现了冰心的变化："作者'男士'在那里发表了十来篇散文，总标题是《关于女人》，每篇叙述他所亲近熟悉的一个女人。男士，当然是笔名，究竟是谁，无法考查。但据文坛消息家说，作者便是大家熟悉的冰心女士。从题取笔名的心理着想，也许是真的。现在假定他真，那末，冰心女士的作风改变了，她已经舍弃她的柔细清丽，转向着苍劲朴茂。"

四　旅居日本

1946年8月16日，抗战胜利一周年，吴文藻乘美国西北航空公司的航班飞向东京，出任中华民国驻日本代表团政治组长与盟国谈判顾问。3个月后，冰心带着9岁的小女儿吴宗黎，也从上海乘飞机飞抵东京，开始了他们战后5年旅居日本的生活。

冰心一到东京，不知道《朝日新闻》的记者是从哪里打听到的消息，中国一流的女作家谢冰心来到了日本，于是，一大早便来到麻布区中国代表团的驻地，挑头刮起了访问的旋风。第二天，以《女性的解放在于教育的普及——〈超人〉的作者谢冰心女士来东京》刊登在显著的位置。随之，《朝日新闻》又刊登了冰心与在美国留学时的日本同学三岛澄江重逢的文章：《事变所阻碍之"山丘上的誓言"，谢女士与思慕的友人再会》，并且配发了两人感动的沉默照片。异国的友情、战争的阻隔，两位女士感人的故事，相继在不同的报刊发酵：12月29日日语版的《中国日报》刊登三岛澄江的《美国时代的谢冰心》；《主妇生活》与《妇人画报》的记者将冰心与三岛澄江联合起来进行采访，访谈的内容不仅是回忆两人在美国的友谊（此时两人的"超越政治的友情"有着中日友谊的象征色彩，所以日媒聚集并放大），而且谈到了战后对日本的印象、对中日关系的期盼。

冰心作为眷属到日本，也就是外交官夫人，为什么会引起极大的反响？因为是战后中国第一位知名作家踏上日本的土地，同时，也因为冰心在日本的影响。

冰心的作品最早翻译到日本是在 1921 年，大阪的《读卖新闻》8 月 15—16 日，在池田桃川主持的《支那现代小说》中连载周作人（仲蜜）翻译的冰心小说《爱的实现》。从 1922 年 3 月（5 日、12 日与 19 日）开始，《北京周报》开始连载译成日文的《繁星》（1—26、27—52、53—81）。1923 年 1 月 14 日刊登《晚祷（二）》，1 月 24 日，刊登《晚祷》（周作人翻译）。1931 年 2 月，日本增田文库出版《春水》诗集。1925 年 4 月 1 日，《日本诗人》5 卷 4 号中田信子介绍中国最近的诗《支那最近的诗》，有冰心诗的介绍。1929 年 3 月 1 日，中田信子在《诗神》5 卷 3 号撰文《冰心女士的诗》；这一年的 3 月，日本《现代支那语讲座》第 1 卷刊登神谷衡平翻译的冰心小说《寂寞》，同时收入次年出版的《模范支那语讲座》。同年，日本实藤文库出版的由宫越健太郎编的《支那现代短篇小说集》，收入冰心《离家的一年》。1933年12月1日,日本的《中国文学》月报刊出了饭冢朗翻译的《真理外2篇》。1936年,冰心与吴文藻前往欧洲游学时途经日本,《都新闻》《东京日日新闻》《日华学会报》等,都刊登了冰心到访的消息。1938年5月1日,《中国文学》刊登猪俣庄八译的小说《超人》,并附解读。1939年4月,日本《燕京文学》刊登饭冢朗翻译的《繁星(十四)》、深濑龙翻译的小说《第一次宴会》;这年的12月,饭冢朗翻译的《繁星》,伊藤书店收入《增田文库》出版。1940年1月10日,《支那及支那语》2卷1号,收入外村猛译的小说《鱼儿》。这一年,大量的冰心译作在日本面世,主要是仓石武四郎开始翻译冰心的作品,还有中山樵夫翻译的《冬儿姑娘》,奥野信太郎翻译的《第一次宴会》,猪俣庄八译的《两个家庭》《山中杂记》等,包括冰心在重庆生病,日本也发了消息。1941年,冰心的《寄小读者》由仓石武四郎翻译,恒星社油印注音本出版。1942年,《新中国小说集》收入《冬儿姑娘》。1946年6月,饭冢朗译的诗《解脱》《梦》等,分别在《中国文学》与《新日本文学》上发表。直到1946年前,冰心的重要作品《繁星》《春水》《超人》《寄小读者》都先后翻译成了日语,二十几年来,每年都有新作品在日本面世,冰心对于日本的读者来说绝对不是一个陌生的名字,冰心的到来在日本的朝野、大学、社会引起大的反响,是因为她的作品先于本人登陆东瀛。

在日本的文学活动,首先是座谈、演讲、接受访问。冰心刚到日本时,很多媒体、社会团体邀请她去座谈、演讲、进行专访,在日本的座谈录、演讲录、访谈录等作品有近20篇。这些文章因为都是现场记录,很有意义,可以说最能代表冰心的思想观念。这段时间冰心座谈、演讲、访谈的主题,大都离不开"战争"二字,如何看待日本对中国发动的侵略战争,对日本人民采取什么态度,是冰心不能回避的问题、冰心是一位了不起的智者,一位有思想深度与普世价值、一位呼唤人类的同情与爱的作家与诗人,同时,经历了战争,看到了中国与日本战后的情景,所以,她的观念超越了一般的民族仇恨,从人类共存共荣的高度,建构了她在日本战后的基本话语。一个重要的观点,便是她所认为的,对日本人民不应该有怨恨,应该以人类之爱制止战争。

其次,冰心去过日本很多地方,她把对日本的观感写到作品中,比如写红叶、樱花、温泉……东京、京都、奈良、富士山、轻井泽等。她的《日本的风景》《日本的房屋》《日本的花道》可说是名篇了。冰心对富士山的描写很有意思,她说富士山不能近看,只能远观,当你走到山上去时,感觉和其他的山没有什么区别,当你远看时才有味道。

再次，有一组描写蒋介石与宋美龄的文章。这组文章在国内没有发表，比如《我所见到的蒋夫人》《我眼中的宋美龄女士》等。冰心与宋美龄是美国威尔斯利女子大学的校友，在重庆时也有过接触与交往，当时蒋介石、宋美龄是作为二战的英雄在日本传播，冰心自然成为媒体的邀稿对象。冰心通过这些文章，近距离、真实地将宋美龄的生活，告诉了日本的朋友、读者。这组文章后来通过佚文的方式，从日文翻译过来的，现在国内也出版了。包括描写日本的文章，在日本的演讲等，都是近年来在日本发现回译的。冰心不用日文写作，写好后由人翻译成日文发表的，现在又从日文翻译回中文，其间丢失的东西肯定不少。人民文学出版社出版的《我自己走过的路》，便是冰心的佚文集，包括这些回译的作品。

最后，讲授中国文学。两部很重要的作品《怎样欣赏中国文学》《诗人与政治》，前一部是东京大学的讲稿。离开国民政府代表团后，仓石武四郎邀请冰心到东京大学讲课，冰心成为东京大学第一位外籍女教授。这两部作品反映了冰心的中国文学扎实的功底，以及她对现代文学的一些看法。

冰心到日本后，国内的情况发生了巨变。1948年底，三大战役之后，驻日国民政府代表团开始考虑出路问题。此时，国内混乱的消息，物价飞涨、学生运动、国军失利，等等，通过各个渠道传到了东京，原来代表团所代表的中华民国，已是岌岌可危了。一心想回国的冰心和吴文藻，完全不知所措。"北平有炮声，景超今天来信也说过。我们成了丧家之犬，奈何？"代表团第二组在吴文藻的领导下，平时就有很浓的学习风气，到了1948年底，面对国内的政局，平时的学习成了自发的座谈，冰心有时也会出现在学习会上。学习会当时处于秘密状态，中共地下党员谢南光成为实际的主持人。每一次的学习座谈，都将研究共产党与代表团的出路、各人的归宿联系在一起。

1949年10月1日，中华人民共和国在北京宣告成立，电波迅速将消息传到东京。同一个短波频道上，原先的电台广播呼号"北平广播电台"变成了"北京中央人民广播电台"，从广播中可以听到北京天安门广场上群众的欢呼声和歌唱声，冰心和吴文藻在家秘密收听，内心既有一种失落，也有一种兴奋。一个新政权的产生，从历史发展的意义上说，必定伴随了它的合理性与进步性。是继续代表这个政权还是另做选择，已经不可回避地摆在了二人的面前。

离东京约80公里的叶山小镇，驻日代表团有座别墅，作为周末或节假日休闲娱乐之用。"代表团的资深成员举办宴会时，子女就在附近的海滩游泳。"回代表团重新任团长的朱世明，曾和代表团的资深官员在叶山小镇开会，"彼此交换不寻常的意见"。会议之后，"谣言盛传，驻日代表团要学法国大使馆叛变，提出主张的人据说是法律顾问吴文藻"。时任朱世明的副官、后来成为著名的历史学家的黄仁宇在回忆录中如是说。

晚年的冰心在回忆到这一惊心动魄的历史事件时，仅有这样几行轻描淡写的文字：

> 这时我们结交了一位很好的朋友——谢南光同志，他是代表团政治组的副组长，也是一个地下共产党员。通过他，我们研读了许多毛主席著作，并和国内有了联系。文藻有个很"不好"的习惯，就是每当买来一本新书，就写上自己的名字和年、月、日。代表团里本来有许多台湾特务系统，如军统、中统等据说有五个之多。他们听说政治组同人每晚以在吴家打桥牌为名，共同研讨毛泽东著作，便有人在一天趁文藻上班，溜到我们住处，从文藻的书架上取走一本《论持久战》。等到我知道了从卧室出来时，他已走远了。
>
> 我们有一位姓林的朋友——他是横滨领事，对共产主义同情的，被召回台湾即被枪毙了。文藻知道不能在代表团继续留任。1950年他向团长提出辞职。谢南光通过华侨的关系，从马来西亚的《星槟日报》，为吴文藻取得一个不领薪水的驻东京记者身份。那时能定居日本的外国人，除了商人之外，便是记者，吴文藻重新获得行动的自由。由日共安排，在东京郊外寻租了一座空置的仓库，经过装修后，成为东京隐居之地。

就在冰心、吴文藻进行艰难的选择时，国家希望他们回来，希望他们能为新中国收集到尽可能多的资料（情报），美国基金会、学界的朋友也在争取吴文藻。吴文藻收到洛氏基金会2000美元的经费，为去耶鲁从事研究工作做准备。于是，他们就公开宣扬要到美国去教书，1951年7月15日出版的《妇人民主新闻》第241号发表消息：《谢冰心女士近日将赴美》。冰心特地到圣心女子中学为两个女儿办转学手续，指定转入耶鲁大学附近的女子中学，只等签证一到就会动身去美国。"然而，事情却出乎意料地起了变化。据包括费正清在内的数位美国友人的通信称，吴文藻在东京申请赴美签证被拒，这是根据美国政府的一项法规，即拒绝那些'有损于美国利益'的人入境，之后他便携家属回到了北京。"（引自阎明《中国社会学史——一门学科与一个时代》，清华大学出版社2010年9月第1版）

1951年8月23日，横滨港码头，吴文藻、冰心、吴宗远、吴宗黎一家4人，登上了一艘印度的轮船，悄然离开了日本。

旅居日本时，在家中与吴文藻合影（1948）

第五章 归来之后

经过"文革"风雨之后的冰心(1976)

一　继续为孩子写作

1953年9—10月间,中国文学艺术工作者第二次代表大会在北京召开,冰心出席会议,经过两年多时间的"隐居",开始浮出水面。在这次大会上,冰心被选为中国文学艺术界第二届全国委员会委员,同时参加了全国文协会员代表大会。她的名字、她的发言,出现在大会的简报上,出现在各大报的名单中。消失多年的女作家冰心,在大会上华丽亮相,出现在公众的视野里。香港《大公报》以北京专讯的方式,首发署名耕野的《女作家谢冰心回到了北京》,立即在中国台湾、日本与美国引起反响。梁实秋感叹道,不知道什么原因,她还是回到了北京!胡适、顾毓琇、浦薛凤等都吃惊不小。冰心在大会上有个发言,对1949年之前的作品进行自我批评,同时也说她还有优点,语言的清新,喜欢写光明与快乐,愿意为儿童写作,希望能在新中国的文学事业上发挥作用。

冰心在大会上讲要为儿童写作,不是空穴来风。实际在她暂不露面、尚未完全浮出水面时,业已开始构思写作中篇小说《陶奇的暑期日记》。为了解新中国儿童的生活、语言、思想与感情,冰心经常邀请胡同的小朋友到家做客,每回与小朋友交谈,从不"高高在上",自己坐在小凳上,让小朋友坐沙发,说,这样可以平等对话。大会现身后,又参加了学校的一些活动,接受少年先锋队献上的红领巾,这让她想起在重庆参加过的三民主义青年团评议员活动,并在心里进行着比较,新中国的孩子活泼多了,也"淘气"多了。这大概就是小说中"陶奇"名字的由来吧!

《陶奇的暑期日记》出版后,引起一定的反响,但作者却是不甚满意,她想创作一些既保持了自己的风格又能被新中国儿童喜爱的作品。于是,《小橘灯》出现了。《小橘灯》有一个很简单的故事:"我"去看一个朋友,朋友住在乡公署的楼上,楼下有一部公共电话,朋友不在家,"我"拿一本书边看边等待。这时,有一个八九岁的小女孩来打电话,她的个儿不高,够不着电话,"我"便过去给小女孩拨电话,小女孩说要给医院打电话,"我"问她知道医院的电话号码吗?小女孩说不知道,要问电话局,我问那打通了说到谁家呢,她说你只要告诉是到王春梅家来就知道了。"我"替她做了这些事,小女孩就回家了。之后,"我"一直惦记着这个孩子,医生来了吗?这时我的朋友还没有回来,就想不等了,直接到小女孩的家中去看她。小女孩开门看到我,先是惊奇,后是高兴,说妈妈已经打过针了,现在好多了。小女孩问"我"吃过饭了吗?说这是家里的年夜饭——红薯。她说她妈妈很快就会好的,大家都会好的。"我"去的时候带了几个橘子,给了小女孩,小女孩把橘子掰开,橘肉给了母亲,橘皮做了一盏小橘灯送"我"下山。小女孩在这样的环境里,也没有忘记给他人以温暖。

故事很简单,人物也只两个:"我"和小女孩,小女孩是"我"同情与安慰的对象,结果,反过来,小女孩却在关心"我"、影响"我",通过"小橘灯"这个具象与意象的描写,体现了冰心早年"爱与同情"的暖色,小孩子的那种镇定、勇敢与乐观,却又是一种新的精神。这种人物关系的设置,也体现了冰心一贯的观念与思想,就是小孩子的躯体中所蕴含的力量。温情的叙述,充满爱意的氛围,乐观向上的精神,使革命的故事产生了艺术的魅力。

与此同时,冰心还有《再寄小读者》面世,有大量的描写新生活与出国访问的文章,有翻译泰戈尔的美文,报刊上时常有冰心的散文、诗歌、小说翻译之作出现,仅作品集便有:《先知》,[黎巴嫩]纪伯伦著,冰心译,人民文学出版社出版;散文集《还乡杂记》,少年儿童出版社出版;译诗集《吉檀迦利》,[印度]泰戈尔著,冰心译,人民文学出版社再版(1957年);散文集《归来以后》,作家出版社出版;《泰戈尔诗选》,[印度]

泰戈尔著，石真、谢冰心译，人民文学出版社出版；《冰心散文选》，香港万里书店出版（1958年）；《小橘灯》，作家出版社出版（1960年）；散文集《樱花赞》，百花文艺出版社出版（1962年）；散文集《拾穗小札》，作家出版社出版（1964年）；等等。

回到故乡福建（1955）

二　友好使者

旅欧时的冰心（1956）

冰心被召回国，从另一个意义上，是她的身份、地位和影响。冰心作为一个纯粹的作家、没有党派色彩的人物，同时也是民主人士的代表、女性与母亲形象的代言人，这种人物在新中国成立初期，名气比她大的、影响比她大的，无人可及。冰心回国，周总理有个重要的考虑，就是她可以代表中华人民共和国的不同方面，民主的形象，和平的形象，母亲的形象，妇女的形象。在这种情况下，冰心回国后其外事活动特别多，尤其是出国访问，随这个代表团回来，另一个代表团又排上了她的名字。新中国成立初期，在一些国家、一些会议和一些场合，代表团中有冰心这么一个作家，有种亲和力，起码会使代表团的色彩丰富一些。

冰心在1953年到1956年之间，出访的次数就有6次之多，前后时间超过半年，其中有：

1953年11月27日至次年2月4日，长达两个多月时间，中印友好访问团访问印度（团长丁西林）。这段时间中国和印度处于蜜月期，代表团在印度受到了最高规格的礼遇，总统、总理会见，各地迎送都是几万人，之后顺道还访问了缅甸、新加坡和中国香港等地。

1955年4月2日至22日，参加以郭沫若为团长的中国代表团，前往印度出席亚洲国家团结会议。

1955年6月，参加中国妇女代表团赴瑞士洛桑出席世界母亲大会。

1955年8月2日，参加中国代表团到日本出席禁止原子弹和氢弹世界大会。

1956年，全国进行了工资改革，冰心定为文艺一级（相当于一级教授），月薪345元，接近行政六级与七级之间。

1957年12月20日，参加中国代表团，赴埃及出席亚非人民团结大会。

1958年3月21日，参加以许涤新为团长的中国文化访问团访问西欧。25日抵意大利，访问了罗马、西海岸的那坡里城、

经常随中国代表团出国访问(1955)

庞贝城，南部和西西里岛的几个城市，东海岸的巴利城、威尼斯等大小20个城市。4月20日到瑞士，4月22日转到英国，访问了伦敦和苏格兰的格拉斯哥、爱丁堡等城市。同年的10月3日，到苏联的乌兹别克共和国首都塔什干参加亚非国家作家会议。亚非作家会议尚未结束，接到中国驻苏联大使馆的通知，国内来电话说，作家代表团的活动结束后，让冰心留下，参加中苏友好访问团。11月7日，在莫斯科红场观礼台，观看了阅兵和群众的游行。随后访问白俄罗斯、乌克兰。在列宁格勒，参观了冬宫、斯摩尔尼宫、基洛夫工厂。在涅瓦河畔，观看原子破冰船。继到白俄罗斯首都明斯克，观赏了在废墟上建立起来的城市，参观了工厂和集体农庄等。

1961年3月24日至4月22日，冰心参加了中国作家代表团，出席在日本召开的亚非作家会议常设委员会东京紧急会议并访问日本。同行有巴金(团长)、刘白羽(副团长)、杨朔、沙汀、林林、叶君健、李季、韩北屏等。

1962年2月4日至24日，冰心参加了茅盾、夏衍率领的中国作家代表团赴埃及开罗，出席亚非作家会议。代表团成员：茅盾、夏衍、严文井、谢冰心(女)、田间、杨朔、朱子奇、安波、叶君健、杜宣、王汶石、韩北屏、孙绳武。冰心在日记中，记录了大会的日程安排：2月10日，各国代表到达开罗，计有44个国家与地区159名正式代表参加。2月11日，星期日：上午参观钢铁厂，下午自由活动，晚间各国代表团团长会议，选举主席团及批准议程。12日，星期一：①萨瓦特·奥卡沙发言；②会议主席发言；③国际筹备委员会主席发言；④秘书长报告；⑤各代表团团长发言。下午，亚非书籍展览会开幕、民族服装展览会开幕、现代艺术展览会开幕，晚餐，最高文学艺术与社会科学理事会在马尼斯特里宫举行开斋冷餐，晚间，各代表团发言。13日，星期二：上午各代表团发言，决定参加小组会代表名单，下午，苏联芭蕾舞团表演，晚，小组会议。14日，星期三：上午小组会议，下午小组会议及起草决议。15日，星期四：上午，①批准决议；②闭幕式，宣读决议。晚上7点半开始声光表演。16日，星期五：参观默哈拉或苏伊士运河。

1963年11月5日至12月3日，冰心参加以巴金为团长的中国作家代表团赴日本访问。

无法叙述冰心的每一次出访活动，这里选取一段（1953年访问印度），从中可领略冰心出访情景与外交风采：

代表团在加尔各答出席一系列活动，再次形成了访问的高潮。中国朋友参加了文艺界的欢迎会，参观了印度近代绘画展览，出席了加尔各答大学的毕业典礼，更不用说那几万人的群众大会了。一切活动结束后，代表团驱车前往泰戈尔故乡圣蒂尼克坦，宽阔的马路上，挤满各种装满货物的大篷车、牛车，甚至还有漫步的老牛。陪同告诉冰心，印度视牛为神，如果牛老了，绝不能杀，也不能吃，只能给它们放生，四处游荡，信徒也会送东西喂牛。抵达圣蒂尼克坦时，已近傍晚，下榻于泰戈尔创办的和平国际大学附近的宾馆，晚间从校园传来泰戈尔亲自为大学所写的校歌《圣蒂尼克坦之歌》："她是我们的，我们心中之所爱，圣蒂尼克坦！在她的手臂中，荡漾着我们的轻梦……"冰心静静地坐在草地上聆听，全身心感受这片神圣的土地。和平国际大学整个校园，便是在一大片树林之中，一栋栋色泽鲜艳的房子，散落于林间。当晚，冰心在印度朋友的陪同下，在小商贩的摊位上，购买泰戈尔木雕像等纪念品。第二天一早，参观了泰戈尔故居。穿着纱丽的馆长带领全体馆员，列队欢迎中国客人，参观之后，举行茶话会，主人致辞之后，中国客人讲话，这时，冰心便成了当然的代表了。她先用英语背诵了两首泰戈尔的诗，纯正、优美的英语口音，悠扬的节奏与韵律，传递出泰戈尔诗歌无穷的魅力，令印度听众也入迷，朗诵完毕，爆发出热烈的掌声。之后回到纯正的北京话，介绍了泰戈尔在中国的友谊与影响，包括她自己对泰戈尔的理解与翻译。冰心这一次的表现，更是出色，联系到上一次与英迪拉·甘地优美的谈吐，副团长夏衍对冰心的外交能力与魅力，十分折服："使我这个干了多年外事工作的人感到佩服。她那种不亢不卑，既有幽默又有节制的风度，我认为在这方面，我们文艺队伍中，可以说很少有人能和她比拟的。"（夏衍《赞颂我的"老大姐"》）

这是这段时间出国访问的时间表。同时，她在国内的参观、访问的活动也是非常之多，这里不一一叙述。

出席田中首相在新宿御苑,
为中国代表团举办的盛大的赏樱会(1973)

与巴金最后一次出访日本(1980)

三　风雨磨难

1957年反右斗争中，冰心虽然没有被打成右派，但她的一家出了3个右派，丈夫吴文藻、儿子吴平与弟弟谢为楫，所以精神压力极大，在许多场合都对自己进行反思、定位与批判。

1958年，她在一份检查中写道：

（1）我在为社会主义工作中，是否从个人主义出发？是否有严重的名利思想和雇佣观点？（2）我在实际工作中，是否脱离政治、脱离实际、脱离劳动、脱离群众？曾否一定程度上传播着资产阶级的错误思想观点？（3）我在"三反"时期对于知识分子思想改造时所用的群众斗争的方式，我是否有不平或抵触的情绪？（4）我在苏共二十次党代表大会，揭露了对于斯大林后期错误，批判了个人崇拜的时候，我是不是又重新相信了以前西方帝国主义者对于斯大林的歪曲污蔑？（5）在匈牙利事件后，国际反动派掀起了一股反苏反共逆流的时候，是否也起了一阵的迷惘与震动？（6）当右派分子向中国共产党猖狂进攻时，对于他们的种种谬论，是否也有过同情和共鸣？（7）我在反右派斗争中，是否还在怀疑、彷徨、恐惧，并有抵触情绪？

对于这一系列的问题，我自己的答案，不幸地都是肯定的！

……我不敢再往下问去了，我羞惭满面地接过这顶"资产阶级"帽子来，端端正正地戴在头上。这顶帽子虽然不像孙行者头上紫金冠那样地光彩辉煌，但是头寸却还合适。它也像紫金冠一样督促我发愤自强地努力自我改造，督促我即刻开始走上长期而艰巨的自我改造路程。

周总理在对文艺界讲话中，谈到摘帽子的问题，他复述了这么一个故事，就是《西游记》中当唐僧师徒四人上了灵山真成佛以后，孙行者要求摘下约束他的紫金冠，如来佛叫孙行者自己摸头上看，孙行者往头上摸时，帽子已经没有了。这个故事的重述，在我心中不但留了个极其生动深刻的印象，而且这整个故事，给了我极大的教训和鼓舞。我相信，将来必有一天，我们也像道行完满的齐天大圣一样，以达灵山，摸摸头上那顶常常使他头痛欲裂的紫金冠，不知何时已经化为乌有了！（《向左转，开步走》，刊《光明日报》1958年2月16日）

到了"文化大革命"时，对冰心的冲击更大，10年受的苦是她一生中最多的。首先是"红色8月"，处于一种惶恐，红卫兵抄家，冲到家里乱翻，想要什么就拿走什么，吓坏了，不知道发生了什么，连夜给作协写信，请求停发工资，"我的定期存款（全部）以及出国衣装并收的礼物以及自己衣饰还给国家"。可见冰心的恐惧到了什么状态，没有了工资，没有存款，吃什么呢？不知道。到了9月，抄家范围就更大了，照片、纪念品、衣物、手表、字画等一应物品全部抄去，没有任何登记，没有任何收据。在抄家的基础上，红卫兵举办了"谢冰心资产阶级生活方式展览"，将所抄之物甚至是他人之物（一盆银圆、三块手表、出国访问穿着的旗袍、丝袜、皮鞋、相册、照片、纪念品等），全部陈列展览。冰心挂着一个大牌子，上面写着"资产阶级黑作家、司徒雷登的干女儿谢冰心"，她自己低着头站在展览室门口欢迎全国各地来北京串联的红卫兵参观。烈日下，一个小老太，那时她已经66岁了，站在这个展览的门口接受造反派的质问和批判。

批斗的浪潮过后，这些被统称为"牛鬼蛇神"的人开始进"牛棚"，从1966年10月到1969年底，大概有3年的时间，冰心是在"牛棚"度过的。中国作家协会"牛棚"关押的人员有：刘白羽、严文井、张光年、张天翼、臧克家、冰心等20余人。他们在关押"牛棚"期间做些什么呢？冰心的主要工作就是打扫女厕所，每天红卫兵和造反派到中国作家协会参观、批斗，冰心这些人是专门为他们打扫卫生，为他们打扫厕所，从早上7点一直干到晚上。除了打扫这些劳役之外，就是学习"毛选"、进行自我批判，3年的"牛棚"生活就是这样度过的。冰心曾经在一篇文章里写到这段生活：早上坐在电车里，一个人都没有，晃当晃当地赶到作协上班，进牛棚，开始走形式，然后去劳动，然后扫厕所。这个时候冰心已经快70岁了。

到了1970年后，冰心两度下放到"五七"干校劳动改造。开始到湖北咸宁文化部的"五七"干校，这个"五七"干校很大，一共有6000多人，其中有文化部的、文物局的、出版局的，电影家、作家和艺术家，等等。在6000多人中，冰心算是年龄最大的。"五七"干校都是作为军事化的管理单位，冰心分配在五连，连长是诗人李季。她住在一个人家的柴火间里，没有窗，又黑又暗又阴冷。1月份，湖北咸宁的天气湿漉漉的，没有暖气，小小的柴火间里睡了6个人，其中有沈从文的夫人张兆和。冰心要写信，室内根本看不清楚，只有到外面，坐在屋檐下，信纸放在膝盖上，任寒风吹拂，一个字一个字写。冰心在"五七"干校主要是看菜地，"五七"战士种的菜，不要被鸡吃了，不要被鸭吃了，不要被鸟吃了，她整天打坐在菜地里，手持一把长竿，赶鸭赶鸡赶鸟。当然还有比这更重的活，比如挑水挑肥之类。后来为了照顾冰心，就把她调到吴文藻的中央民族学院的"五七"干校。这个"五七"干校在湖北潜江，冰心在这里劳动、生活、学习、改造，时间有14个月。在这一年又两个月里，什么活都干过，种棉花，收棉花，拾麦穗，参加野营拉练，修公路……最后去文化室做管理员。在棉花地里，由于冰心的个儿不高，走入棉田基本上就看不到人了，收工的时候，就在路上叫，冰心回答时得把手举起来，才能看到。走出棉田的时候，全身湿透，棉田本不透风，冰心个头儿又矮，闷在里面，自然浑身湿透。然而她却很风趣，说，我现在真正知道了"汗滴禾下土"的滋味，知道了"粒粒皆辛苦"的道理，农民真个是辛苦。

"文革"的后期，美国的尼克松总统即将访华，中美关系大门将开，闭关锁国了多年的中国，为了做好准备，开始关注外面的世界，中央决定，翻译尼克松的《六次危机》，同时翻译出版《世界史》和《世界史纲》这两部著作。谁来翻译？造反派、红卫兵肯定承担不了这样的任务，这时候想到了在"五七"干校的那些学贯中西的学者、教授。有关部门决定将翻译的任务交给中央民族学院，随之在"五七"干校劳动的吴文藻、冰心、费孝通等这样一批学贯中西的大知识分子被调回了北京，着手翻译。后来冰心回忆，说这段时间在她一生中最宁静，她和吴文藻两个人坐一张桌子，一个在这边，一个在那边，早晨8点上班，中午回来，午休之后再去，回来的时候已是华灯初上了。冰心觉得，自己又有了为社会服务的机会，特别珍惜，也感到幸福。

执行翻译任务的同时，冰心开始参加社会活动，主要是接待一些外宾，波兰、意大利、美国、丹麦、印度、尼泊尔、苏丹、日本、瑞士、黎巴嫩、加拿大等国家的外宾。冰心接待外宾的时候，都要穿上专门制作的礼宾服，有的外宾还会提出要到冰心家里看看，那当然是不可以的。"文革"中他们家非常简陋，接待外宾要到指定的接待室。

"文革"开始后，由于互不通音讯，误传也多，谢冰莹就写过一篇文章，说冰心在"文化大革命"中被批斗至死，冰心的好朋友梁实秋知道后，写了一篇很动情的文章叫《忆冰心》。1972年，为了纪念毛泽东《在延安文艺座谈会上的讲话》发表30周年，冰心写了一首诗，发表在民族学院的墙报，诗名叫《因为我们还年轻》，后来这首诗被中新社的记者公开发表出去，国外才知道冰心并没有死。于是，赵浩生、聂华苓等专程回到国内来访问冰心。

"文革"中，冰心还有过一次出国访问。1973年到日本，参加中日友好访问团，这是中日邦交正常化之后，第一个到达日本的大型友好代表团。代表团在日本前后生活了33天之久，他们分成3路纵队，对日本展开了全面的访问，再一次显示经过风雨之后的冰心，外交风采依然。

向日本国际创价学会会长池田大作先生赠画(1980)

第六章 进入新时期

病后的冰心,生命从80岁开始(1980)

一 生命从 80 岁开始

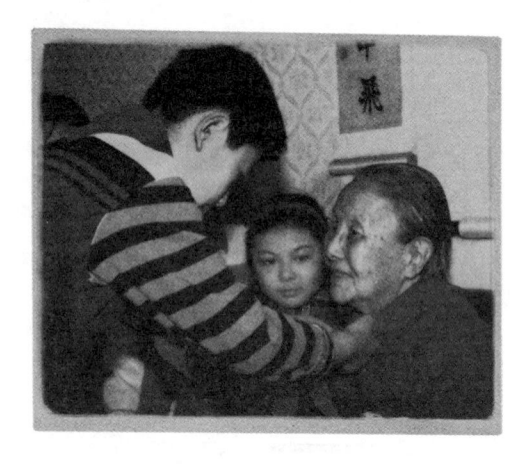

接受少年儿童献上的红领巾（80 年代）

许多人都知道，冰心瘦小体弱，她的一生总与疾病结伴，但冰心有着顽强的生命力，不被疾病压倒，在她那瘦弱的身躯里，储蓄着旺盛的生命之火，多病的冰心活了一个世纪。

冰心在她 80 岁之后还有一次出访，却成为她的最后一次。那年她刚从日本回国，为人民文学出版社赶译马耳他总统安东·布蒂吉格的诗集《燃灯者》，却在一个深夜患了脑血栓。这病对一个作家尤其是对一个进入迟暮之年的作家，将意味着什么？冰心是清楚的。当时，她的右半身已有偏瘫的危险，最稳妥的是采取保守疗法，长期慢性休养，但这也就意味着将失去生命的活动与写作的能力,这对刚刚重新拿起笔的冰心,是一个沉重的打击。之后再一次跌倒,行走更是困难。再次入院,冰心却是选择了主动疗法,她很平静地告诉医生和家人,她准备接受手术。冰心的这一决定,惊动了许多人,夏衍、阳翰笙、赵朴初等都为她在这么大的年龄坚持动手术感到惊讶、感到担心,不少朋友闻讯赶来劝阻。冰心却笑着对他们说:"没有关系,我已经是这个年纪了。人活着就要为人民做一些事,我是一个作家,我得要争取时间站起来,得为孩子们写点东西。"

在冰心的坚持下,医院为她做了手术,手术很成功。夏衍得知后,高兴地说,合了中国吉人天相的老古话。手术后的第五天,冰心就开始下地,到阳台上去晒太阳,锻炼手指的伸张能力。看到冰心这种情景,医护人员都大为惊奇。在医院中的冰心,非常乐观,生活得也非常有规律。每天6点起床,6点30分听新闻,之后便看书,写文章。在接受过医生查房,服过药之后,便开始下地锻炼一个小时,下午又一个小时。开始,冰心颤巍巍地让孩子们搀扶着下地,一点点步履维艰地移动着步子,有时,几十分钟下来,前进不了5米,动一动就疼得大汗淋漓。医生见状,便劝她在椅子上活动,冰心却说:"还是这样好,走不了,站一站也是一种锻炼。"80岁的冰心老人,为了还能写作,就这么顽强而乐观地一步一步地走着,向着孩子们走去,向着她的读者走去,向着朝阳走去。终于有一天,她可以不用人搀扶,手执拐杖自己走动了,高兴得就像个孩子,逢人便说:"我能自己走了!我能自己走了!"这简直是一个生命的奇迹。医护人员看到冰心老人这种情景,都激动得流下了热泪。于是,老人每天都自己拄着拐杖,在病房绿色的地毯上,在长廊上,在花圃旁草地边,一步一步顽强地行走。那时,阳翰笙也在北京医院治病,冰心在前面拄着拐杖走,欧阳老则推着小车在后面跟,他风趣地对冰心说:"大姐,你'高举'我'紧跟'哪!"有一天,巴金来医院看望冰心,见面第一句话:"你总想像年轻人那样去做事情,大姐,你要服老啊!"冰心则会心地笑了:"我也真是糊涂,不知老之已至啊。"他们谈到去年参加的人民代表大会,谈到即将召开的人民代表大会,又有许多的话,越谈越激动,他们又忘记了老。

1980年10月5日,冰心在医院中度过她的八十大寿。那天,秋日红艳,一早,冰心先生的病房里,欢声笑语,祝寿的客人和家人,向她送来生日快乐的祝福。当祝寿的欢声笑语散尽,冰心又归于平静,躺在床上,常常望着《儿童文学》送来的那幅画儿:一个绾着丫角,系着红肚兜的小孩,满面笑容扛着两个特大的红寿桃。上书:"敬祝冰心同志八十大寿!"这幅画在阳光下,令冰心格外喜悦,像是有股新的生命冲动。"我觉得生命力无穷,自从我23岁起写《寄小读者》以来,断断续续写了近60年,正是这许多小读者,使我永远觉得年轻!"朝阳从窗外照进来,冰心感到一种暖意,一种前所未有的生气,她又望了望邓颖超同志托人送来的玫瑰花儿,一阵阵的幽香飘来,有这花,有这孩童,有这温暖的阳光,幸福与激情,青春与活力同时涌上了心头,冰心摊开稿纸,写道:

> 亲爱的小朋友:
>
> 我每天在病榻上躺着,面对一幅极好看的画……每天早晨醒来,在灿烂的阳光下看着它,使我快乐,使我鼓舞,但是"八十"这两个字,总不能使我相信我竟然已经八十岁了!……西谚云:"生命从四十岁开始。"我想从一九八一年起,病好后再好好练习写字,练习走路。"生命从八十岁开始",努力和小朋友们一同前进!

当冰心豪迈地写下了"生命从八十岁开始",几天之后,便精神矍铄地走下了病房绿地毯,走出了北京医院的大门。回到中央民族学院的和平楼,冰心的户外活动明显地减少了,上楼下楼,都已变得十分不方便,室内的行走,就那么几十平方米的方寸之间。顽强站起来的冰心,非常珍惜它,她想尽量地多活动一些,她想早日能从这儿走出去,与孩子们在一起,能参加一些社会活动。但就在冰心努力之时,又一次摔倒了,右胯骨骨折，不得不再次住进北京医院。这回的手术，医生在冰心的胯骨上加了一个不锈钢的钉子，当她再度站立起来，并且能行走时，面对这位神奇的老人，朋友戏言道："这下真正成了钢筋铁骨了。"

不到两年的时间，已经从医院"三进三出"，冰心不仅顽强而乐观地活了下来，而且没有停止过手中的那一支笔。在春天的早晨，在雪花飘飞的早晨，在干爽清凉的早晨，在秋风落叶的早晨，冰心窗前的灯总是亮着，太阳升起，灯才熄灭，可那一支笔仍在移动，仍在挥写。在这段时间，冰心许多文章的时间落款，在年月日后面常常出现这样的字眼："晨""清晨""之晨""微雨之晨""浓阴之晨""阳光满室之晨""浓阴之晨写到阳光满室"等。

冰心生命中第二个创作的高峰，就是此时此情下出现的。

与夏衍、巴金及子女的留影（1978）

二　能爱才能恨

《我感谢》手稿

　　就像早年在中剪子巷的窗前，冰心从问题小说开始步入文坛，70年之后，冰心在中央民族学院和平楼（1983年后搬至教授楼）的窗前，也从小说着手，从《空巢》到《桥》到《万般皆上品——一个副教授的自白》到《落价》到《远来的和尚》，也都切入了问题，并且更为广泛和深刻。1980年发表在《北方文学》上的短篇小说《空巢》，描写了两个不同的家庭，一家到了海外，为生活忙碌一生，最后成了凄凉而酸楚的空巢；一家留在了国内，有过苦难，晚年时却温暖而充实。小说艺术而又真实地反映了老作家经历过那场史无前例的"文化大革命"

后的思想与情感，文笔朴实而细腻，真可说到了炉火纯青的境界。《空巢》的结构也很容易让人联想到《两个家庭》，这是她继《小橘灯》之后又一篇重要的小说。次年，它被评为全国优秀短篇小说。

她开始写回忆录，单独成篇，从福州的故乡，到烟台的童年，然后到了北京，住进了中剪子巷；从上中学到上大学到留学威尔斯利；从回国后的岁月到抗日战争的流离到与开明书店与商务印书馆所结下的因缘，写得真切，写得动情，写得充满着早时的青春，也写得洋溢着现时的睿智与幽默。

她写另一种回忆录——人物回忆，祖父、父亲、母亲、舅舅、弟弟、老师、朋友，这里有老舍、郭小川、丁玲、林巧稚等，他们有的是冰心的亲人，有的是冰心的好友，有的是冰心的师长，有的是冰心的同辈或晚辈，都一一离去了，冰心总是满含着泪水忆及与描写，她说，这些年我为故人写怀念与悼念的文字，手都写软了，泪都流干了。

她写读书笔记，写评论介绍新人新作的文章，从老舍的散文到巴金的《随想录》，从梁实秋的《雅舍小品选》到赵大年的《火柴》《房租》等。

自然，她写得更多的还是散文。二十世纪五六十年代，冰心曾把散文作为记录新时代与新生活最好的文体，80岁之后的冰心，尤其是病后的冰心，几乎没有参加任何社会活动与外事活动，不能参观不能访问，只能通过电视、报刊、来访者了解天下大事世间小事，这也许失去了现场的切身感受，但并未妨碍她的散文创作，甚至可以说，从另一个意义上成全了晚年冰心的散文创作，这就是，她的散文开始回到了早年的散文创作的路子上，以文化回忆与精神空间作为她的散文写作的内容，再加上晚年的冰心文字炉火纯青，毫无雕琢，自然天成，因而她的每一篇散文作品的发表，都可能引起人们的关注。这是冰心晚年的魅力。冰心以作品的数量（海峡文艺出版社的《冰心全集》，第二次印刷时分为9卷本，其中有3卷的150万字写于80岁之后），更以作品的质量，创造了生命旅程中的又一个辉煌，形成了一道绚丽的艺术景观。1983年的一天，冰心写下了绿的赞歌（《绿的歌》），她说，年轻时她只注意蓝的颜色，"蓝色对于我，永远象征着阔大，深远，庄严……"而到了晚年，她却注意起绿的颜色，她说："绿是象征着：浓郁的春光，蓬勃的青春，崇高的理想，热切的希望……"或许是蓝色使年轻的冰心老沉而忧伤，而绿色使晚年的冰心青春而锐利。

这一时期冰心的创作，无论是小说还是散文，读书笔记或序跋或谈话，似乎有一个基本的指向，那就是强烈的社会责任感,说真话,以大无畏的精神,触及社会矛盾,否定"文革",批判腐败,为祖国的现代化呼吁,为教师为教育呼喊,表达了她对祖国和人民的拳拳之心,并且由于热切的爱,生出了恨,由爱而恨,升华了她早年的"爱的哲学"。这种情景的出现,也许与她的人生阅历有关,身边的许多人来了也去了,什么事情没有经历过?她对人世间的诸多不公有了恨有了愤怒,她的话语变得很尖锐,不管看见谁,多高的领导,有什么,说什么,直言不讳,甚至,有时会为世间的不公大发雷霆。她的文章越写越让人感到"烫手",火辣辣的,没有半点可以留给你的情面。正如舒乙所说,这正应验了人们所说的"姜是老的辣,愈老愈辣,愈老愈棒"这句话。

这是冰心思想重要的发展,是她的爱心精神的深层延伸,是第二个创作高峰中一个显著的特点。

1987年7月,冰心针对教师待遇低,教育不受重视的问题,发表了尖锐而深刻的讽刺小说《万般皆上品——一个副教授的自白》。小说描写了一位大学副教授的双胞儿女,参加了高校考试,成绩也都不错,但他们并不太想去上大学,因为一个副教授的工资不及一个出租车司机,也不及一个餐厅服务员。冰心巧妙地将"万般皆下品,唯有读书高"的古训换了两个字,深刻地反映了当时社会一些人思想和精神的惊人变化,尖锐地提出了一个民族和国家存亡的大问题，如果任其发展下去，真有被开除球籍的危险。小说发表后不久，中国新闻社记者鲁牛采访了冰心，她仍然很激愤，对记者说："在中国香港、美国，教师的地位是很高的。中国有 10 亿人口，占世界的 1/5，但我们在培养人才方面所做的事情太少了。古人云：'民惟邦本，本固邦宁。'邦，就是国家。许多领导干部却不懂国家的兴衰与中小学教师有多大的关系。"平时不出门的冰心，当她讲到教师的处境时，却是非常清楚，她向记者款款数道，北京市在全市 21 种职业的人中，工资收入最高的是建筑工人，最低的是机关干部，中小学教师的收入占第十七八位，当数到这里，老人严肃地对记者说："现在当教师是凭良心干事。教师贡献大，收入低，这使我很气愤。我给中央写了信，认为教育经费在国家计划中所占的比率太小。国家的许多钱都被官僚主义给浪费了。"

冰心的小说和她的激烈而尖锐的言辞，不仅在国内，在海外也引起一片哗然。人们敬佩这位像巴金一样敢说真话的老人，敬佩她的一片耿耿爱国之情。这位在战后曾有几年生活在日本、回国后又多次访问过日本的老人，对于两国经济的发展，有非常多非常深刻的感叹，其中之一就是教育。她曾多次表达过这样的意思：我注意到，给我照相的人大多用日本照相机，大街上的小汽车也多为日本制造。日本科技之所以发达，就在于非常重视基础教育。中国人不比日本人笨，而且做过日本人的先生，关键是我们自己不争气，不肯在培养人才上下本钱。

《万般皆上品——一个副教授的自白》以及冰心那些措辞尖锐的讲话，自然刺伤了一些人，小说差一点从印版上撤下来，冰心说，"这是我60年创作生涯中所遇到的第一次'挫折'"。原因是"上头"有通知下来，说是不许在报刊上讲这种问题。后因组稿编辑据理力争，说这是小说，不是报告文学，为什么登不得？勉强登出来时，还是删了几个刺眼的句子。但是，冰心并未因此而后退。不久，她又创作了小说《落价》，通过一个老师与一个小保姆生活的变化和差异，反映了"一切东西都在天天涨价，只有两样东西落价，一样是'破烂'，一样是知识……"的社会问题。

在教育这个根本问题上，可以说冰心是紧抓不放，她已没有任何顾忌，她不怕丢官也无官可丢，只要有机会，她就说，如若有了一点点回声，她就非常高兴，非常感动。一次，邓颖超同志抱病为一所小学校舍奠基，冰心在电视中看到，感动得落下了眼泪。她希望我们的高级干部都能像邓大姐那样，关心教育事业，关心教师的处境。

同时，冰心针对教育问题，又连续写了《我请求》《我感谢》《无士则如何》等文章,在《人民日报》等报刊上发表。这真是有一点大无畏的气概,毫不退让,毫不畏缩,勇往直前,显示出一个年近九旬的老作家的骨气和坚定。

她在《我请求》中请求中国每一个知书识字的公民,都来读一读一篇反映中小学教育危机的报告文学,她说她自己是专心致志一直看下去的,"看得我泪如雨下"!老作家要求每一个国人都来想想办法,解决这个教育危机的问题。

在《我感谢》一文中,冰心将挥霍浪费与教育经费紧缺联系起来思考,当她听说国务院打算将停建的楼堂馆所的钱,用于教育和改善人民生活时,她以一个老人的身份,向这个决策和传递这一消息的《人民日报》致以感谢!

在《无士则如何》中,冰心写道:"不少领导人常说:无农不稳,无工不富,无商不活。其后,又有人加了一句:无兵不安。这些话都对,概括得也非常准确。可惜尚缺了个重要方面——无士怎么样呢?"接着,冰心巧妙地引用了全国各地的读者写给她的信的部分内容,得出了"无士不昌"的结论,令人击节惊叹。如果不重视"士",不重视科学、教育、文化,德先生和赛先生就成了空谈,现代化也会流于纸上谈兵。

冰心这一时期连续发表的作品,在全国的教育界和社会上许多有识之士中引起强烈的共鸣。写给冰心的信件,有的通过全国政协，有的通过中国作家协会，更多的直接寄达冰心的寓所，她一封一封地读着，一封一封将其珍藏。冰心说，她平时每天都可以收到小读者的来信，没想到，她的《我请求》这几篇文章收到这么多大读者的来信，她为她的劳动得到了回报而高兴，她为她的呼吁寻到了知音而欣慰。

1988年7月12日，新落成的北京图书馆展览大厅，热闹非凡。"冰心文学创作生涯七十周年展览"在这里隆重举行。早早地，主办单位中国现代文学馆、北京图书馆的领导和工作人员，就在门口迎接前来参加开幕式的各路客人。雷洁琼来了，费孝通来了，艾青来了，萧乾来了，冯牧来了，黄宗江来了，王蒙来了，张洁来了……从已过古稀之年的第一代小读者，到十一二岁的第五代的小读者都来了，一代又一代的受到过冰心作品熏陶和影响的读者，聚集一堂，面对着给过他们爱给过他们美给过他们善良与真诚的冰心，老的小读者年轻了，少的小读者长大了。

冰心来了，她坐在小推车上，慈祥地微笑着。北京图书馆前的台阶，小推车上不去，爱她的人迎接她的人也不让推上去，人们争着，轻轻地将小推车抬起，围过来的人迅速让开，从旁边，从后面，簇拥着被抬起的小推车，簇拥着冰心先生，缓缓地进入展览大厅。幸福的冰心先生，风趣地说："出嫁时，我未坐过轿，这一回算是坐上轿了，补过来了。"抬着她的人，簇拥着她的人都乐了。

开幕式简洁而隆重。当最为亲近最为理解最有资格称冰心为大姐的萧乾前来致辞时，全场肃然。萧乾动情地说，人们含情地听：

> 八十年代的冰心大姐，还有巴金，是中国知识分子的良知的光辉代表。尽管她年奔九十，腿脚也不利落了，然而她不甘于躺在自己已有的荣誉上。不，她的笔片刻也没有停过。在热情扶持青年创作之余，她仍在写着其重要性绝不亚于《寄小读者》或《超人》的醒世文章，如《我请求》《万般皆上品》《介绍三篇小说和三篇散文》《〈孩子心中的文革〉序》。她声嘶力竭地为中小学教师呼吁，毫不犹豫地谴责"文革"。从她管"孙子楼"叫"鬼楼"这一点，可以看出她对社会上特权现象的深恶痛绝。一位编辑曾对我说："冰心老太太的文章好是好，就是烫手……"这就是说，她不写那种不疼不痒的文章。她的文章照例不长，可篇篇有分量。在为民请命、在干预生活上，她豁得出去。读过《寄小读者》的人，都知道冰心大姐的哲学，中心是一个"爱"字。她爱大海，爱母亲，爱全国的小朋友。她更爱咱们这个多灾多难的祖国。那是她在历代圣贤以及泰戈尔的影响下形成的哲学。只有真的爱了，才能痛恨。
>
> 冰心大姐深深地爱咱们这个国家，这个古老的民族，这个党，所以对生活中一切不合理的现象才那么痛恨。
>
> 可以向冰心大姐学习的很多很多，但我认为最应该学习的

是她那植根于爱的恨……

老年知识分子当中，还有冰心大姐这样敢于讲点不中听的话的作家，这是中华民族的希望。她永远不老，她那支笔也永远不老，因为她的心紧紧贴着人民大众。

萧乾的致辞题为：能爱才能恨。

爱在前，恨在后，恨是更深层的爱，恨是爱的延伸。萧乾的《能爱才能恨》，概括了冰心的一生，道出了一个完整的冰心。

冰心在海内外，在人们的心中，之所以有那么高的威望，享有那么多的殊荣，与她在80岁之后所创造的第二个高峰有着密切的关系。仅仅是五四时期创造的第一个高峰，文学史上会记下冰心，但在普通老百姓的心中，80岁之后的冰心更慈祥、更亲近也更亲切。

与钱锺书、杨绛夫妇在家中合影（80年代）

三　精神驿站

坐着轮椅，行走在"冰心文学创作七十周年展览"（1988）

自从开始为教育呼吁、为士人请命、为民主呐喊，冰心的名字再一次风行华夏大地。当有人无行、跟风的时候，巴金曾用坚定的语言赞美冰心："许多人战战兢兢抱头摇尾的时候，您挺胸直立，这种英雄气概，这种人格的力量，我永远忘记不了！"在公开场合，巴金称冰心大姐的存在就是一种巨大的力量，是一盏心灵的明灯。萧乾则推崇大姐是知识分子良知的代表，还有夏衍、臧克家等这样的一些大家，都在文品与人格上推崇冰心。这一切，将冰心升至无人替代的位置。叶圣陶先生在世时，冰心曾戏言，她是一人之下，万人之上，1988年叶老仙逝，冰心便说她成了万人之上了。这当然指的是年龄，但实际上，声望何不如此？因而，在凝重的气氛下，冰心和她的家被"天下寒士"们称呼为温暖的"精神驿站"。

平时的来访者，记载在几大本厚厚的签名本中。曾挑出1992年、1993年两个年份做过统计，来访者多达500多批，人次过千。这里包括作家、学者、艺术家、媒体记者、电视主持人、演员、乡亲、读者、外宾，等等。而每年10月，冰心的生日，更是一个盛大的欢聚，庆生、加油，"精神驿站"热闹非凡，成为大家共同的节日。

1989年10月，先后有200多人前来祝贺冰心九十华诞，到了1990年呢？还是九十，九十大寿当然可以满满地过上两次！谁承想，早在半个月前，祝寿的人便络绎不绝。有人说，对这样高龄的老人，完全不用管九呀十呀，以后年年都庆！既是为冰心，也是为大伙儿。舒济专门到北京荣宝斋挑选了一只小拇指肚一般大小的"老寿星"，生日那天，送到冰心的手上，老人喜爱得不得了，对着舒济说："我忽然觉得我'伟大'了起来！这是我九十年来从来未有过的快感！谢谢你给我的'小'寿翁。"舒乙则早早交代北京幽州书院，让他们给冰心送"寿桃"，"这是北京的老规矩，而且最好送九十个。他们照计而行，无奈全北京竟找不到一处地方还会做。费了好大的劲，方

九十岁的风采

找到一位老者,是'稻香村'的老人,答应给做两'堂'。一堂是九十个带豆沙馅的,用胭脂点上小红嘴尖;另一堂是九十个白糖馅的,先蒸后烤,也都点缀着红'寿'字。这两堂寿桃得了碰头好,最讨冰心先生的高兴"。寿过数日,舒乙去看老太太,一见面她就说:"你的主意真好!那天我真怕客人把寿桃全拿跑了,告诉大姐偷偷留起来一二十个,要不然家里人都差点吃不着。"因为大夫不允许冰心吃油性太大的奶油蛋糕,"寿桃"既对她的口味,又无后顾之忧。冰心决定将祝寿的贺词、贺联、字画一概送给中国现代文学馆,还要送舒乙本人《冰心文集》第五卷。仅仅签字还不算,让人取出抽屉里所有的图章："都拿出来！都盖上！"舒乙一边盖，她一边解释：这是魏建功的藤刻印，这是刘淑度送的，这是于非暗刻的，这也是于非暗的，这两个都是王世襄刻的……一共 11 枚。"怎么样？特别吧？"她觉得这个主意大概也不错，看着这些大大小小的红印，不由得也兴奋起来。她还小心地取出一张宣纸夹在书皮和扉页之间，为的是不让印泥洇了。

仅比冰心小三岁的钟敬文教授，也早早就准备好了祝贺冰心九十华诞的礼物，这个礼物不是别的，而是诗三首：

自然母爱两萦心，文字澄鲜见性真。
谁意雷霆动地日，女儿曾现健儿身。

涛翻艺海势汹汹，一代清才角众雄。
我是文场跋行客，相随安得拟云龙。

繁星璀璨春波媚，哲理诗情濯我魂。
白首回思余味在，心香一缕祝生辰。

第二个九十华诞，依然有 200 多人来给冰心拜寿、来"精神驿站"欢聚。令老人意外与感动的是，生日当天，接到了台湾文学界一些朋友打来的越洋电话，祝贺她 90 岁的生日，还在电话中唱起了 Happy birthday to you 的歌，尤其有台湾的老友孙立人从台北发来贺电："海内存知己，天涯若比邻，欣逢九十大寿，敬祝福如东海，寿比南山。 弟孙立人拜贺"。孙立人将军自重庆歌乐山一别，便无联系了，只是到了前两年，台湾朋友策划着邀请冰心赴台访问，双方才知道了彼此的信息。夏初，孙立人得知冰心的消息时，曾驰一封怀旧信函，老人阅读时落下了辛酸的泪水。现在又得到老友的贺寿电文，再次感叹："孙将军，软禁33年，这是多么长的时间哪。此中苦衷可想而知。"也就在说过此话的一个半月，11月21日，香港朋友寄来《明报》剪报一份，展开来看，竟是"因兵变案软禁三十三年，抗日名将孙立人病逝"的消息，令冰心愕然而悲伤。随后，屡次在孙将军和冰心之间传递信息和相片的许迪教授也来信告知："孙立人将军的丧礼确是倍极哀荣，自动前往吊唁者一万余人，今后在台湾大概不可能再有同样的感人场面了……"看到许教授寄来的软禁后的孙将军照片，"已是老态龙钟，当时的飞扬风采已不复留存！本来应是三十三年峥嵘的岁月，却变成蹉跎的岁月，怎能不使人悲愤"？冰心随后写作了《悼念孙立人将军》一文，同时献上绝句一首："风云才略已消磨，其奈尊前百感何。吟到恩仇心事涌，侧身天地我蹉跎。"这是冰心少时集龚留下的，没有想到，"竟是为孙立人将军写照了！哀哉"！

还有一个人为冰心九十华诞填词,就是与冰心、孙立人同船赴美留学的顾毓琇。20世纪90年代,顾毓琇搬离郊外别墅住进费城老年公寓之后,怀旧之情日浓,回忆前尘往事、填词作诗谱曲成了日常方式,"瑞雪又来临 / 夜半闻吟 / 高楼人静听鸣琴 / 辞旧迎新冬去也 / 待报佳音 // 客梦空追寻 / 一片清心 / 小桥流水别情深 / 冬去春来怀老友 / 夜已深沉"。这首词表达了顾毓琇90年代前后的诗意心境,而贺冰心九十华诞的词也是寄托了往日思绪:

风雨同舟周甲子

新诗玉洁冰清

南溟西蜀弄箫笙

抗战风雷起　凯歌庆太平

讲学燕京桃李盛

文章报国豪情

元宵圆月寿星明

九十康强颂　蟠桃祝百龄

92岁的生日,不以热闹而以别致著称。中国新闻社贾国荣、耿军等年轻朋友,早早就在谋划,如何为老太太过一个与众不同的生日。往年的生日,朋友拜寿,鲜花、贺联、寿桃……能不能让老太太回一"寿礼",以做永久纪念?这时耿军从口袋中摸出一张名片,说,就这个,给老太太印些名片,写上字,签上名,来者有份。正在一旁的陈钢补充说,"可以让我姥姥写一句话,限印100张,更有意义"。别致的方案就这样形成了,回家给姥姥一说,同意,说,只受不授、有来无往,非礼也。但那一句话,却让冰心费起神来。

这一夜,吃过"速尔眠"的冰心,仍然不能入睡,92年的光阴,一幕幕地在眼前掠过,龙旗、五色旗、青天白日旗、五星红旗,从旗下走过的她,辛酸苦辣一齐涌上了心头。她想到战争,想到每一次政治运动,想到一次次的重大变故,是的,从战争到和平、从国事到家事、从运动到变故,都有足够的理由,但这一切的理由,均出于各自的利益与立场,那么,有没有一种超越这些功利的理由呢,从而让那些功利的理由不能成立,不能实行?"文革"刚刚结束,她曾经主张要大力提倡"五热爱",但这个"五热爱"是不是还有功利的要求呢?她在黑暗中思索着、寻找着一种超越理由之上的精神,奔腾的思想关不住闸门,也就不关了,任其自由飞翔。寻遍万水千山,老太太的思想最后像一只小鸟,落在了一个枝头上,这个枝头只有一个点,只有一个字,那就是爱,这个爱是超越一切之上、不要任何附加条件,亦如枝头那样单纯,但可枝繁叶茂,生出参天大树，荫庇天下。她认为，如果有了爱的立场，有了爱心，战争与杀戮，纵是不能完全制止，起码也可少许些吧。

不知道什么时候，老太太终于迷迷糊糊地睡着了，梦中又去中剪子巷、去了慰冰湖、去了箱根，醒来时忽然发现，原来自己转了一大圈竟是回到了原点，也知道那几个字的笔画，那句话如何写了，晨光中，老太太取出笔，写下了"有了爱便有了一切"8个字，就在陈钢上班之前，唤他进来，慎重地将字交给了他。

这是自日本归来之后，再一次向世人明确她的哲学理念，"有了爱便有了一切"！这句话，在《寄小读者》中就有了，"有了我的爱便是有了一切"，从异国他乡的病中所悟，现在将"我的"二字取下，就不单是个人经验，而是以92年的人生，对人世的呼唤，这8个字也可以读为"没有爱便会失去一切"，失去亲情、失去信任、失去人心、失去天下……

耿军、贾国荣都是摄影记者，有很好的构图感觉，他们将冰心的手迹缩小，在名片的方寸之间排列，用亮丽的粉红色卡纸，一面印冰心手迹，竖排，"有了爱便有了一切"，一面的右上角印"谢冰心"签名体，下竖书1992.10.5，中间是一个一寸见方的烫金的大寿字，并有地址、电话和邮编，三色、编号印刷，印数一百。

第六章 进入新时期

10月初到，拜寿的人便喜气洋洋地登门了，老太太笑脸相迎，机智、风趣的话语，与鲜花一样，塞满那个小小的客厅。合影时，咪咪自然要过来抢镜头，离开时，老太太会神秘地告诉你，俗话说有来无往非礼也，今天咱也有礼相送，随之便从一小盒中取出一张名片，递到你的手上，随之引起一阵惊呼，有的要选号，有的要签字，老太太笑着说，不能选号，1号早早收起，留给巴金，其余的号码打乱，拿到多少号就多少号，童叟无欺，一律平等。吴泰昌得到的是18号，不但数字吉祥，老太太格外厚爱，在名片下面还亲笔写上"泰昌留念 冰心"。

"她在递给我这份珍贵礼品时说，你们每年来替我贺寿、添寿，希望我多活几年，活到百岁，我心里明白，这是你们的好意，但人都要老，都要寿终正寝，这是不可抗拒的自然规律，别说普通人，伟人也逃脱不了这个规律。活一天，高高兴兴地活一天，就多做点事，高高兴兴地做点事。"冰心在这里说的是多做点好事，没有将她的思考都说出来，冯骥才则在感慨："使我一直不解的是，您历经那么多时代的不幸，对人间的诡诈与丑恶的体验较我深切得多，然而，您为何从不厌世、不避世，不警惕世人，却对人们依然始终紧拥不弃，痴信您那句常常会使自己陷入被动的无限美好的格言'有了爱便有了一切'？这到底是为了一种信念，还是一种天性使然？"

远在台湾的苏雪林，以她毕生为之付出的屈赋研究作为献给冰心的生日礼物：《屈赋论丛》《楚辞新诂》《屈原与九歌》《天问正简》四种及《我研究屈赋的经历及所遵循的途径》一文。书是托人送来的，信是苏雪林自台北寄出的，除了贺寿，便是谈书。冰心在收到这套书与苏雪林的信后，回信道："《屈赋新探》四卷拜领，我读了好几天，真是深入！我不是个学问家，不会研究，尤其是深奥的屈赋，您真是教育了我！病了一个月，肺炎，刚刚出院，心乱腕弱不能多书。老了只有多保重！亲您！"

冰心还真读了，且评价甚高，"真是深入"，并说是教育了她。苏雪林得此知音，简直有些欣喜若狂，即回长信一封，并提出了进一步的要求，希望有一短文在台湾发表。此时冰心虽可著文，但要对一部百万言的皇皇巨著说几句话，那还真是要斟酌再三的。

冰心的生日，开始除了既是民主党派领导（人大常委会副委员长）更是老朋友的雷洁琼、费孝通等人外，基本都是文化界的朋友，10月5日，真正成了"天下寒士"欢聚的节日，文人学士之间的无拘无束、自由、欢乐、风趣、幽默，尽情发挥、尽情释放。"精神驿站"的信息，自然通过媒体、口口相传等不同渠道，在社会上传播开来。于是，这个"精神驿站"也引起了政界高层的兴趣和关注，冰心生日的日历牌也在中南海的办公桌上打上了记号。

与"天下寒士"欢聚一样，执政党也是选择冰心的生日作为传达的方式，那些自高层来的贺寿花篮，从1993年开始出现，并且是"年年高"。1994年10月5日这一天，冰心在北京医院，本是"躲生"之道，但中宣部部长丁关根、统战部部长王兆国也有探望病人的"特权"，带了花篮，径直去了医院，在病房为冰心贺寿。这个信息，通过各种媒体迅速传达出去。1994年10月5日，冰心94岁生日，与九十华诞一样，提前一年便贺九十五华诞，这回不仅是民间，不仅是朋友，中央政治局常委、国务院副总理李岚清，刚开完会就风尘仆仆地赶来，送来花篮。当时已是十一点半，冰心正在用餐，听说李岚清来了，老人示意女婿陈恕把轮椅掉转过来，李岚清迎上去握着冰心的手，谦恭地祝她生日愉快，说："我们都是您的学生，小时候都读您的书，您经常不断地关心教育，我们非常感谢您。"冰心回了8个字"百年大计，教育为本"。李岚清说："对，您身体好了以后，我再来听取您对教育工作的意见，祝您早日完全康复。"

北京医院北楼，属部以上高级干部病房，一些有着重要影响的作家、艺术家、科学家也住在这里，冰心每回住院，均在北楼，与夏衍、阳翰笙、赵丹、赵朴初、曹禺、雷洁琼、萧乾、陈光毅、项南等曾为病友。为了病人的静养与治疗，平时管理甚严，虽然地处闹市，但院内静谧，连楼道上、庭院中的脚步声，静夜里都听得清清楚楚，所以医务人员着软底鞋，以保持步履轻盈。但是，1995年10月5日这一天，医院被冰心的生日打破了平静。当秋日的阳光照在病房绿藤掩映的窗口，老人还在沉睡，丁关根和中宣部有关领导便来了，给老人祝寿。他们倒是没有"扰人清梦"，在窗台留下95朵玫瑰组成的花篮，留下了叮咛与祝福便走了。老人醒来，望见窗台上的玫瑰花篮，幸福地笑了，陪伴的吴宗黎告诉母亲，花篮是丁关根部长送来的，老太太说："他真早啊，我怎么就睡着了？还做了一个梦，梦见Deddy坐在身边，但不是来祝贺生日，问我，他的右派帽子是谁给戴上的？怎么不见了？"正说着，统战部部长王兆国和副部长刘延东来了，他们给老人送来了别致的礼物，一件玫瑰红的羊绒衣，说是希望老人永远年轻。老人一生喜欢红玫瑰，也喜爱玫瑰红颜色。吴宗黎立即将羊绒衣给娘穿上，老人风趣地说："这辈子我第一次穿红衣服，结婚时都是穿白的。"显然，玫瑰红给老人带来了喜悦，给寿辰增添了喜庆。王兆国还向老人转达了中共中央政治局常委、全国政协主席李瑞环对她的祝福与慰问，老人就说："谢谢！谢谢！"并将刚刚做出的决定告诉他们:"中国有句古话,叫作有来无往非礼也,我也要向大家赠送一件礼物,把《冰心全集》的 10 万元稿费捐赠给中国农村妇女教育发展事业。"吴宗黎补充说道:"妈妈一向重视教育事业,特别是妇女教育,希望在有生之年,为中国农村妇女教育事业发展尽点力量。"王兆国高度赞扬了老人爱国爱民之心,并祝她健康长寿。老人就说:"活着看香港回归祖国没有问题,前阵子侄子从香港回来看我,我还告诉他 1997 年我要去香港看一看,香港回归祖国,大家高兴,我也高兴。"王兆国称赞老人是位伟大的女性,老人谦虚地说:"过奖了!"

到了下午,统战部刘延东又来了,这回不是统战部,而是代表中共的最高领导人——中共中央总书记、国家主席江泽民,送来了一架大花篮,代表总书记向老人致以亲切问候,并祝她生日快乐,健康长寿。还告诉老人,江总书记高度赞赏老人将《冰心全集》全部稿费捐给中国农村妇女教育发展事业,对老人为中华文化所做的杰出贡献,人们是不会忘记的。

第二天,新华通讯社向全世界播发了电讯:"走过世纪风雨 依然一片冰心——江泽民主席祝贺冰心 95 华诞"。所有的中央媒体、世界不同语种的报刊、全国各地的省市报纸,都刊登了这一消息,《光明日报》还刊登记者朱冬菊采写的通讯《九十五朵玫瑰献给冰心》。

也许是冥冥之中吧，1998年10月5日，竟然提前为老太太过起了九十九华诞。冰心依然在北京医院，丁关根这回不仅是代表中宣部，还受江泽民委托，向冰心赠送花篮和生日蛋糕。丁关根说："江总书记非常关心您，要我前来看望，向您问好，祝您生日快乐，健康长寿。还说，冰心先生是20世纪同龄人，是杰出的中国现代儿童文学的开拓者。几十年来，冰心先生辛勤笔耕，把毕生精力奉献给她所挚爱的文学事业，用优秀的作品和高尚的人品赢得了文艺界的尊敬，赢得了国际文坛的赞誉，赢得了一代又一代读者的爱戴。"同样，王兆国不仅代表统战部，还受李瑞环委托，将99朵芬芳的红玫瑰送给冰心，为冰心贺寿，并说："李瑞环主席十分关心您，我们大家也都很挂念您。愿您健康长寿、生日快乐！"

此时的冰心生命脆弱，除家人外，其他人均被告知，不要前往拜寿。

相依相偎

四　从研究会到文学馆

我是与"天下寒士们"一道走近冰心的。我在《福建文学》任职时，曾经为纪念冰心创作70周年组织了一个专版，并以此接触冰心，领略了她晚年的风采。对于从福建走出去的这么一位重要的作家，萌生了一个成立她的研究会的念头。我虽非闽人，但我在外历来被人认定为福建人，我从《福建文学》调至理论研究室任职时，这里空空荡荡。也好，白手起家，给了我一个千载难逢的机会。当时有两个选择：发起组织成立散文学会、发起组织冰心研究会。这两项可谓福建在全国意义上最大的亮色，散文当然也包括了冰心，本土的则有郭风、何为等一批在全国叫得响的散文作家，但最终我选择了冰心。一次和我在福州军区时的朋友朱苏进聊天，谈及此事，他以一贯的幽默说了一句话，那可是福建最大的"名、优、土、特"呀！

现在想来，我的选择，恰恰是契合了为疏解凝重气氛，将冰心视为"精神驿站"的社会与政治心理。既是对名望、影响的礼赞，也是对温暖、真情的寻求，延续了《福建文学》"冰心文学创作七十年"纪念专辑、福建与北京联合召开的学术讨论会、北京以冰心名字命名的儿童读物奖等活动，放大、延长了一年一度的庆生欢聚。但是，当我提出这个构想之时，首先受到了吴宗黎的阻击，她在电话中对我说，她妈妈不会同意的。说过，搁下电话，说要去上课了。

那时，我正在北京参加一个由公安部《啄木鸟》杂志主办的"公安题材文学创作讨论会"，文坛行走多年结下的人脉开始起作用。我在会上对吴泰昌、周明说及此事，我说，仅仅把冰心局限在一个儿童文学作家上是不公平的，冰心对文学和社会的贡献，远大于目前的论定。周明非常赞同我的观点，并且说，在目前的气氛里，成立冰心研究会尤为重要，更有意义，还主动答应亲自出面，说服老太太。果然，在会议行将结束时，神通广大的周明悄悄对我说，你可以去了，老太太答应了！我问他是如何取得她的同意的，周明说用毛主席语录说服的，开始她不同意，说，不行，我死了以后，有人会骂我的。周明回老太太话："老太太，您是一个纯洁的人、一个高尚的人、一个脱离了低级趣味的人，有人骂您，那个人便是坏蛋！"一席话将老太太逗乐了，是这样的吗？周明严肃地回答，是这样的！老太太放话了，那就不管了。周明说完，叮嘱我："见到老太太不要说成立不成立的事，就说你的具体想法，首先在那儿开会，她会给个意见的。"

1992年3月19日午后，魏公村槐花飞扬，我步行前往中央民族学院教授楼。陈玙大姐开门，先让在客厅小坐，3分钟后，请进到冰心的卧室兼书房，老太太已经端坐在写字台前。这一回是先要求签上名，我说两年前也是这个时候来拜访过她，老太太说，不记得，来的人太多。送上给老太太的礼物，她最爱的茉莉花茶和花巷肉松，老太太连连说好，台湾人来也给带肉松，但没有家乡的好，油放得太多。坐定后直入主题，我说："周明和您说过了，我们希望将这件事做起来。"我说："先生您是家乡的骄傲，我们成立冰心研究会，是一个长远的设想，近期则是收集资料，并适当地组织一些活动……"老太太不接受"骄傲"之类的话，说："原先那个房子，要搞成我的故居，我想，中国都爱搞故居，这要占去多少房子？我没有同意，如果要搞，就搞成林觉民的故居吧，房子是我祖父从林觉民那儿买下的。"我说："那年您给我的《故乡的风采》就是记载了您曾经在故乡的生活，十分动情。"老太太说，家乡的东西好，去年，有人带了一箱福橘，好甜。家乡的水果多，又好。于是，我们说到了莆田的枇杷、荔枝，漳州的芦柑、龙眼，在浓浓的乡情中，"冰心研究会"得到了老太太的默许。

这个晚上，我和《警坛风云》的吴励生前往北河沿，拜访张锲。当我说到下午见到冰心，谈到在福建成立冰心研究会的事,本来显得疲惫的张锲,立时活跃和兴奋起来。他从书架上取下一本刚刚由巴金签送的《巴金书信集》,说,"有四十多封是写给冰心大姐的,我都打上了道道",打开书给我看,继而念了起来:"您这个五四文学运动最后一位元老,一直到今天还不肯放下笔,为着国家民族的前途不停地奉献您的心血。您这个与本世纪同龄的人,您的头脑比好些青年人的更清醒,思想更敏锐,对祖国和人民有更深的感情。您请求,您呼吁,您不是为着自己。过了将近一个世纪,今天您还要求讲'真话',还用自己做榜样要求人讲'真话',写'真话'。我听说还有人不理解您那用宝贵的心血写成的文章,随意加以删削,还有人不喜欢您讲的那些真话。但是大多数读者了解您,大多数作家敬爱您,您是那么坦率,那么纯真,那么坚定,那么勇敢,更难得的是那么年轻。现在我还想说一句:'永远年轻!'""思想不老的人永远年轻,您就是一个这样的人。""老实说近一年来我常常想到您,我因为有您这样一位大姊感到骄傲,因为您给中国知识分子争了光,我也觉得有了光彩。近九十岁的人了,您还写出叫人感到'烫手'的文章,使人尝到'辣味'的作品,您为什么?还不是为了我们国家的繁荣昌盛……还不是替受苦受难的人争取较公平的待遇……还不是……总之,谢谢您,我要听您的话争取长寿,多写点东西,多讲几句真话……"

张锲念到这里,停了一下,接着说,"1989年后,巴金对冰心的评价更高了,你们听听",有一次,他问小林,冰心怎样?担心她会有麻烦,"因为有好些国家的朋友关心您这位德高望重的老太太"。他写信对冰心说:"更难得的是七十几年来您一直不曾放下您的笔,您一直是年轻学生的老师和朋友。九十岁!您并不老!您的文章还打动千万读者的心。最近我常常想,您好像一盏明亮的灯,看见灯光,我们就心安了。""我仍然把您看作一盏不灭的灯,灯亮着,我走夜路也不会感到孤独。"张锲的朗读有着明显的安徽口音,但动情,几乎是一气将上述的内容念完。念完后又说,"这个研究会成立太重要了,作协要支持你们,基金会要支持你们,不仅仅是你们福建省的,要提高规格,要有气魄,架子搭起来要大,不要小气,不要从省的立场考虑问题,要搞成一个全国性、世界级的,这样才与冰心的身份与地位相称"。说这样好活动,以冰心的名声,完全可以在海内外开展一系列的活动。有着丰富组织经验的张锲如是说,并且主动提出,这个会应该请巴老当会长,王蒙、张洁和我这些人都只能当个副会长,我们都是老太太的崇拜者,并且指定说,炳根你就当秘书长,实际的事情都由我来做,来主持,就像我现在主持的中华文学基金会。同时将国际上的一些知名人物也邀请到研究会中来,包括斯诺夫人、韩素音等。张锲的夫人鲁景超是吴励生北京广播学院的同学，看到先生如此激动，便说：他已经累了一天，回家一句话不愿说，一谈到冰心便兴奋成这个样子，也是一种缘分。我们的孩子出生时，老太太专门题了字，"有女万事足"！太合我们的心意了，还说，她就是重女轻男。

那一夜，北京刮起了沙尘暴，但在我的心中却是星光灿烂。

1992年12月24日至25日，经过登记注册的"冰心研究会"成立大会在福州市召开，看看组织机构，这是一个什么样的阵容啊！叶飞、叶至善、何少川、阳翰笙、赵朴初、胡絜青、夏衍、韩素音（瑞士）、海伦·福斯特·斯诺（美国）、雷洁琼、楚图南担任顾问；巴金出任会长；王蒙、许怀中（常务）、萧乾、张洁、张锲（常务）、张贤华（常务）、吴泰昌、卓如、周明、林爱枝、俞元桂、郭风、舒乙、葛翠琳、潘心城出任副会长；王炳根任秘书长（法人代表）；吴励生、陈毅达任副秘书长；丁仃、王光明、孙绍振、刘登翰、南帆等45人任常务理事。为一个作家成立一个研究会，如此高的规格，不仅是福建省，在全国也是独一无二的！冰心的威望，可见一斑。

24日上午，蓝顶的福建画院，沐浴在金色的暖阳下，100多位专家、学者、福建省的领导、福建师大的师生聚集一堂，出席了"冰心研究会成立大会"。吴宗黎、陈恕、陈钢专程前来，为每一位与会人员带来了人民文学出版社赶印的《关于女人与男人》；先前为成立冰心研究会鼓与呼也是研究会的领导组成人员的张锲、舒乙、吴泰昌、周明、李幸等也专程前来出席成立大会，我向大会报告了成立冰心研究会的意义、价值、筹备与工作情况。从大会的讲话到给大会发来的贺电贺函来看，冰心研究会的成立大会，所指向的并非仅是这个机构成立的必要性，更多的是对这个机构主体——冰心的赞美与颂扬。

巴金说："冰心大姐是五四新文学运动的最后一位元老，她写作了将近一个世纪，把自己全部的爱奉献给一代一代的青年，她以她的一生呕心沥血，为中国的文学事业做出了巨大的贡献，她是中国知识界的良知。我敬重她的人品文品并以她为榜样。"张锲说："凡是有泉水的地方，凡是有炊烟的地方，凡是有机器轰鸣的地方，凡是有车船行走的地方，就有人知道冰心的名字，就有人读过冰心的著作，就有人了解冰心的事迹。在中国，冰心是个家喻户晓的名字，在世界，冰心是个被人争相传颂的名字。冰心属于中国，属于全人类，但首先属于福建。"称冰心"是一位伟大的作家""一个伟大的爱国者""一座雄伟的大厦，是一片浩瀚的海洋"。中国作家协会称"冰心是文坛泰斗，是我国现代文学史上最有影响的文学前辈之一。她的作品文笔清丽、意蕴隽永，显示了女作家特有的思想情感和审美意识，具有独特的艺术风格和很高的艺术表现力，在新文学史上写下了辉煌的一页，对中国现当代文学做出了卓越的贡献"。时任中共福建省委书记陈光毅说："冰心先生是本世纪我国享有盛名的作家，为中国的文学事业做出了不可磨灭的贡献，在海外作家和读者中也产生了很大的影响。冰心先生是中华民族和福建人民的优秀女儿，人品与文品一样为世人所称道。"时任中共福建省委常委、宣传部部长何少川说："冰心先生是受人尊重和爱戴的老作家。自'五四'运动以来，她一直潜心创作，勤奋笔耕，直到现在，虽已九十三岁高龄，仍然孜孜不倦地为人民写作。她在小说、散文、诗歌、儿童文学、翻译以及文学理论等诸多领域的重要建树，丰富了我国民族文化的宝库，她的作品，以清新优雅、玉洁冰清的风格和深邃高远的内涵独树一帜，在中国现代文学殿堂中闪烁着令人瞩目的光辉。"当时的中共福州市委书记习近平说，"我们福州出的名人很多，像民族英雄林则徐、思想家严复、第一个翻译家林纾、'二七'烈士林祥谦等，科技界现在还有陈景润、侯德榜，文学艺术界像邓拓、胡也频等，都是我们福州人。在这么多的人才中，冰心老人以她在文学史上这么一个大的跨度、长时间里占有重要的位置和她的爱国爱乡这么一种精神，在福州人尽皆知，引以骄傲"，"冰心的作品时间跨度大，真实、艺术地表现了时代，反映了纷繁的社会生活和人民群众的思想情感，影响深远、流传广泛，教育、熏陶了几代人的思想，是冰心给予我们宝贵的精神财富。冰心研究会的成立对于充分发掘这一财富，研究冰心及其在中国、世界文学中的地位等都具有十分重要的意义"。时任福建政协副主席、林则徐后裔凌青说，"冰心先生是我国五四运动以来现代文学的巨匠"，"我们这一辈人小时候都受到过冰心作品的影响"。

海外的赞美也十分动情。美国的斯诺夫人说："那时（指认识冰心时的20世纪30年代），冰心被认为是中国女性最优秀的作家，有着独特的文学抒情风格。她很美丽，很有魅力，他们夫妇堪称中国青年婚姻的楷模。"英籍华人作家韩素音说："冰心的伟大天才，卓越的创作成果，将成为中国文学的重要部分。可以说，她是中国儿童文学最早的开拓者和奠基人，她优美的作品同时也使许多妇女感到，她是把灵魂向大家真实地展示。"并从她与世界文学的见多识广，肯定"冰心，她已不单是中国作家，她是国际作家，多才多艺的天才"。

然而，当人们将鲜花、掌声、赞美之词堆积在冰心身上的时候，这位老人却在远处清醒观望，她轻轻地拨开那些身外之物，说了这么一番让所有人都惊愕的话：

研究是一个科学的名词。科学的态度是：严肃的、客观的、细致的、深入的，容不得半点私情。研究者像一位握着尖利的手术刀的生物学家，对于他手底的待剖的生物，冷静沉着地将健全的部分和残废的部分，分割了出来，放在解剖桌上，对学生详细解说，让他们好好学习。

我将以待剖者的身分静待解剖的结果来改正自己！

吴宗黎代表母亲字正腔圆地宣读了这个"上冰心研究会全体同人书"，全场肃然，之后又是长时间的掌声。

是夜，举行了"繁星之夜朗诵晚会"，上午开成立大会时的花篮与花排，已经变换了位置重新排列，灯光下的鲜花更加鲜艳夺目。布景上的"繁星之夜"4个大字，被那无数流动的星星环绕，蓝丝绒布在灯光、星光的闪烁照射下，伸展到无限的远方。我后来在一篇文章中写道："繁星之夜，永不忘却的夜晚。走出大厅，果然是满天闪烁的繁星。今晚，还有一个日子，12月的24日，圣诞节前的夜晚——平安夜。这个经过多方商定的、不经意的日子，竟然是选定冰心精神世界的支点上。"

研究会成立后，本应组织开展研究，但是，当我面对冰心研究会创办出版的《爱心》时，有些犹豫了。《爱心》杂志的创刊号，刊登成立大会时所有的发言、讲话、贺信、贺电，封底是冰心"上冰心研究会全体同人书"的手迹，这是两个相悖的"阵营"呀,一方是"赞美"的人群,一方是"求是"的冰心,仅就成立大会而言,还能有各自的理由,也能够各自成立,但是接下去的研究呢?说多了好话,赞美太多,老太太未必高兴;老太太想听的话,这在当下的环境里、在一个慈爱的老太太面前,如何说得出口?这时既没有二十世纪二三十年代批评的自由,也缺乏80年代探索的激情,这就可能使得刚成立的研究会陷入两难境地。

建造冰心文学馆这个动议将冰心研究会带出了两难境地。为冰心建造一座作家博物馆,搜集有关冰心的一切,尽入其中,让广大读者通过这个通道走近真实的冰心,为专家学者深入展开研究保留丰富的资料,将暂存于世的"精神驿站"打造成永久的"精神堡垒"。为此,我们在福州曾试探性地举办两次大的活动:一次是"冰心生平与创作展览",一次是"冰心作品书法与绘画大展"。前一个展览参观者众,连展一周,观众逾万,直到撤展的那一天,仍然有学校安排前来参观撤下的展板;后一个展览拥有全国各地的学者、作家、画家、书家的参与,他们因为"冰心"二字,而专门创作书法、绘画作品,无偿提供。这两次活动,仅相隔一年时间,让我信心大增。打了报告,向省政府申请建筑立项。但是,真正要为一个健在的作家建造一个博物馆,不仅前无古人,简直就是现实浪漫主义。尽管有冰心的影响与声望，但影响与声望并不等同金钱与土地。首先在选择馆址上，遇到了极大的困难，甚至有可能使这个现实的构想成为浪漫的泡影。在福州，我几乎跑遍了每一片空置的土地。此时，邓小平的视察南方谈话，加快了中国改革开放的步伐，"发展才是硬道理"成了国人的口头禅，"一切向钱看"成了许多人的追求。当每一寸土地都必须卖出一个好价钱的时候，没有多少钱却要寻得一块用于文化建设的土地，真是比登天还难。一年多的奔跑，耗尽了心血，销蚀了信心，几乎让我放弃。只是这样的一个理念令我前行：在整整的一个世纪中，冰心是独一无二的，因为有了这样的一个作家，才使得这个世纪的文学色彩多了一层色调，当所有的作家都在塑造为生存、为正义、反压迫、行抗争的形象时，只有高空飘来一朵祥云，飞来一个安琪儿，告诉人间有一种爱与同情，也可消解冲突，化解矛盾，将社会与人心引向光明。作为一个受压迫的民族，需要抗争，但作为一个民族的生存，同样需要一种博爱，前一种的形象几乎占满文学的画廊，后一种形象，微弱得仅存冰心一人，我们需要保存和光大这种微弱的精神之光，才可以造成一个健全的民族，才可以造就一个健全的国家与国民。仅以斗争示人，仅以斗争哲学昭告天下与后人，而缺少爱的哲学，将会影响民族与国民健全的肌体，扭曲人们的心灵。我希望建造冰心的博物馆，让今人与后人，走近这么一位作家，走到这么一位充满爱心的作家身边，感受与分享一个世纪中的另一种色彩与文学精神，在灵魂中增添温暖与亮色，也从社会教育的角度，不为后代留下缺陷。仅仅是这个理念支撑了我的努力，最困难的时候，我曾言，如果我为之努力的这位作家是别人，那么，我一定放弃，因为她是冰心，我们的民族、社会、精神、心灵，都需要这份遗产。

恰如冰心，为了一个纯净的天地而逃离北平艰难向滇池一样，坚持是有效的，坚持可达目的地。当福州这座她出生的古老的城市无立足之地时，选址的视野开阔至她的祖籍地，这退出的一步，立时海阔天空，长乐的政府和人民，以热情的胸怀，以肥沃的土地，拥抱了呼之欲出的冰心文学馆。奠基、打桩、起架、立柱、封顶、装修，全部的建设过程仅仅用了一年半的时间，我在这个过程中同时完成了用于陈列展览的图片、实物、版本、手稿、信函等资料的收集，展览的脚本也在我的手中完成，有关工作人员，紧锣密鼓地加班加点，布展完成之后，就等着落成开馆了。

1997年8月25日，冰心处女作《二十一日听审的感想》发表的日子，一个建筑面积达4500平方米、占地13亩，且有一个70亩的爱心公园作为配套的冰心文学馆，在闽江之滨落成。

当年郑和扬帆西洋的港湾，沧海桑田，如今立起的是"冰心"的旗帜。这天午后4时，骄阳似火，人们从四面八方赶来参加、见证冰心文学馆的落成典礼，就在开馆的那一刻，从西天飘来一团彩云，将炽热的阳光遮住，清风徐来，水波荡漾，凉爽如秋。清风与祥云，就这样伴随了前后一个多小时的开馆仪式。

已是中共福建省委副书记的何少川，代表省委、省政府提出，建成后的冰心文学馆，要成为全国宣传与研究冰心的中心、对外文学交流的中心、爱国主义教育基地、精神文明的窗口和旅游休闲的景点。他和副省长潘心城向我与林德冠授牌。冰心有个书面发言，由陈恕教授宣读。专程从北京前来祝贺冰心文学馆开馆的中国现代文学馆舒乙馆长致辞，充满了激情、洋溢着诗意。他手上捏了一张小纸头，站在麦克风前，先是用诗一样的语言，表达了对眼前这座精致而漂亮的文学馆的赞美与落成开馆的祝贺，之后，便给它来了一连串理性的定位：

它是全世界第一座为依然健在的一位大作家建立的文学馆；

它不是在旧居或故居基础上建立的，而是专门择地特别建筑的文学馆；

它是头一个纯粹为作家建立的专业馆，馆主不是兼有思想家、革命者的身份，也不是共产党员，而纯粹以自己文学成就赢得人们的尊敬和爱戴的；

它是第一个以个人命名的文学馆；

所有这些都使得冰心文学馆非同凡响，它的建立格外引人注目，成为中国文坛上的一件大事。

巴金的题词，由我宣读，道出了冰心文学馆的全部价值与意义：

愿冰心大姐的一片爱心，感动更多的人！

中共中央政治局常委、国务院副总理李岚清祝贺冰心生日（1994）

五 有了爱就有了一切

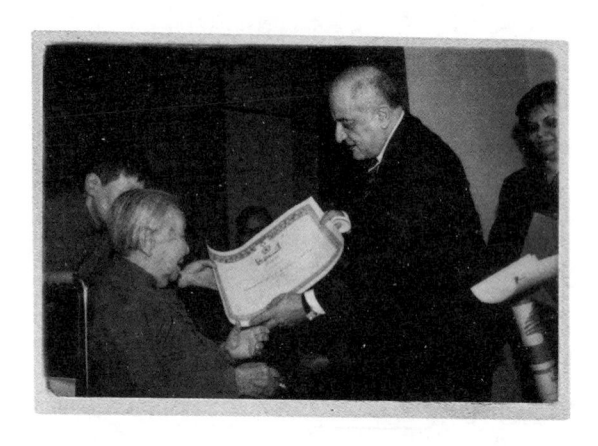

在北京医院接受黎巴嫩大使法里德

自小病弱的冰心,奇迹般地活了100岁,并且又以她顽强的生命,创造了艺术的辉煌。有人称她是"人瑞",有人夸她"老而弥坚",都是很确实的,绝无奉承之意。1995年,海峡文艺出版社将冰心一生的全部创作收齐,计8卷本400余万字,一次性地推出,8月26日,在北京人民大会堂举行《冰心全集》出版座谈会,新华社是这样向全世界播发通稿的:"中国文学界近百位杰出代表此刻切身体会到'德高望重'四个字的分量:包括费孝通、雷洁琼、卢嘉锡、赵朴初、叶飞、杨成武、项南等与会者,比预定时间提前半小时就静静地坐进了《冰心全集》

出版座谈会所在的人民大会堂的浙江厅。"新闻稿这种写法，当是出手不凡。实际情况也是如此，出席座谈会的都是文坛重量级的人物，萧乾、王蒙、谢冕、张锲、周明、文洁若、严家炎等，还有英籍华裔著名作家韩素音，所有的发言者都很真诚，而所有的发言都是以"小读者"的身份出现的。严家炎教授说："我从十一二岁就接触冰心的作品，我感激冰心先生对本世纪中国文学的贡献。在这里我再一次表示最大的崇敬。"赵朴初说："我和谢大姐都是经历过两位皇帝的人，但她的作品我读了70多年。她的作品犹如冬天的太阳。她是举重若轻的作家，以轻松的笔调写深刻的历史。"不在场的冰心，在她的序言和书面发言中，除了感谢的话，更是再一次强调了"批评"二字，说是临老有点东西献给广大的读者，让他们能更全面地认识自己，看看一个在中国北方长大的福建人到底有什么特色，有些什么长处，有些什么短处，也让她认识自己，并全文引用了"上冰心研究会全体同人书"，表示"我要活到老，学到老，要不断地改正自己，才能写出较好的作品来"。这套《冰心全集》第一版印刷了6000套，很快售罄，并再版重印。

1995年3月7日，授予黎巴嫩国家级雪松骑士勋章的仪式，在北京医院专门布置了一个房间举行。冰心因为翻译黎巴嫩作家纪伯伦的作品，使得这位生活在东西方交汇点上的诗人的作品，在中国广袤大地上流传，"多亏了这位伟大的女士，纪伯伦的声音和他的人文思想才能得以不仅在黎巴嫩和美国而且在中国传播"。法利德·萨玛哈大使如是说。冰心从20世纪30年代便翻译了纪伯伦的《先知》，以后又有《沙与沫》，以她优美的语言、精确的理解，将纪伯伦的诗情与哲理，传递给了中国的广大读者，成为外国文学中的经典。冰心对纪伯伦的选择，与对玫瑰的喜爱，有着相同的审美取向，美而带刺，不畏强暴，"特别喜爱他的人生哲学，对爱的追求，他说：'爱不占有，也不被占有。''真正伟大的人是不压制人也不受压制的人。'这些深刻的真理名言，在他的作品中比比皆是，他的作品深深地感染了几代人"。而冰心对纪伯伦作品的喜爱和翻译，在相当长的时间内，黎巴嫩无人知晓，包括这个国家的作家。直到80年代之后，法利德·萨玛哈出任大使，他才关注到纪伯伦在中国的流行，源头就在中国一位著名女作家对《先知》的翻译。于是，他开始读冰心的作品，深感这位作家文字的优美，并且将她与中华民族源远流长的文化和两国的友谊联系在一起。在授勋仪式上，他说道："提起黎巴嫩和中国，我指的是一个依然忠实于她真正纯洁的天命的黎巴嫩，也指的是这个宽容大度慷慨无私的中国，这个我学着去深入了解和去爱的千年古国，这个拥有睿智博学的人民的华夏神州，这个与我们尽管语言不同却能建立联系的国家，这个对我夫人和我具有极大吸引力的国家。我们俩都当众称赞中国，是因为她具有被各国人民理解和热爱的全部品质。"他认为黎巴嫩与中国关系是多方面的，"其中之一在今天这场朴素而又极其富有意义的仪式上得到展示。这就是向一位伟大的中国女士，著名的作家，天才的女性谢冰心女士授予黎巴嫩勋章的仪式"。他代表的是黎巴嫩总统埃利亚斯·赫拉维，向冰心宣读总统亲自签署的第6146号命令，授予"黎巴嫩国家级雪松骑士勋章"。"勋章上银色的太阳中长出雪松树，绿色的雪松象征永恒，它是黎巴嫩的国徽，太阳中还露出黎巴嫩白雪覆盖的高耸山峰。大使按阿拉伯人的风俗，弯腰轻吻了冰心的手，冰心面带慈祥的笑意，全场响起了热烈的掌声。"

吴宗黎代表母亲，宣读了冰心的致谢信：

> 黎巴嫩政府经总统亲自批准授予我黎巴嫩国家雪松骑士勋章，我感到十分荣幸。这个荣誉不仅是给予我的，也是给予12亿中国人民的，对此我深表感谢。

这是冰心最后一次出席公开活动，她坐在轮椅上，接受了这个荣誉，接受了雷洁琼、赵朴初、翟泰丰、刘延东、张光年、陈荒煤、王蒙、萧乾、楚庄、邓友梅等人的祝贺。

轮椅缓缓地推离会场，冰心尽可能睁大眼睛，以慈祥的目光，向在场的朋友做最后的致谢！

1999年2月28日晚9时，冰心在北京医院谢世。新华社当晚发布消息《民进中央名誉主席、中国作协名誉主席著名作家冰心在京逝世》。3月1日，国内的《人民日报》、《光明日报》、中央电视台、中央人民广播电台等所有的媒体，均在第一时间，以不同的语言和方式，刊载、播出新华社、中国新闻社播发的冰心逝世的消息。海外的华文媒体刊发冰心逝世的消息的有：《冰心永别了》，香港《明报》；《文坛痛失祖母 冰心病逝北京》，《苹果日报》；《"文坛祖母"冰心病逝》，《星岛晚报》；《文坛祖母冰心99岁高龄逝世》，《东方日报》；《文坛一代巨星陨落》，《成报》；《爱心留人间 硕果满枝头——中国"文坛祖母"冰心陨落》，《星岛日报》；《中国"文坛祖母"冰心辞世》，《香港商报》；《中国"文坛祖母"冰心九九高龄辞世》，《大公报》；《"中国文坛祖母"陨落 冰心病逝 享年九十九》，《世界日报》；《被誉为"文坛祖母"创作活动期持续最久巨匠 冰心人如其文真诚中有原则》，《世界日报》；《一片冰心在玉壶：真情笔露爱的哲学》，《星岛日报》等。3月2日，许多媒体以个性的方式，报道冰心的逝世。《冰心去了 把爱留下》，《北京青年报》；《玫瑰伴她远行》

（吴泰昌），《北京晚报》；《老人溘然去 思念总相随》，《北京晨报》；《走过一个世纪的文学辉煌：冰心老人乘鹤归去》，《文艺报》；《小橘灯灭了 世纪老人告别人世》（尚晓岚）、《一片冰心在人间》，《北京青年报》；《冰心百岁》（冯骥才），《文汇报》。3月3日，媒体以悼念的方式，开始发表怀念文章。《敬悼冰心老人》（贾丹华），《乐清报》；《冰心：中国文学希望的象征》（弗兰西斯·德隆），《世界日报》（法国）；《"给世界爱和美"：文化界知识界缅怀作家冰心》（梁若冰）、《家乡情思告慰世纪老人：福建代表、委员怀念冰心先生》（高增进），《光明日报》；《我的朋友别了，我把最后一页留与你们》，《中华读书报》；《世纪真爱写一生：文坛老人冰心走过的岁

党和国家领导人参加了送别仪式。
这是送别冰心全景图。

月》《亲友含泪送冰心》《年轻作家以她为榜样，沪上文坛追思冰心》《青年人述说冰心作品：童年抹不去的回忆》，《北京青年报》；《许多人心中，她很年轻——王蒙谈他与冰心的交往》（王晓晖）、《政协委员缅怀冰心》、《长乐乡亲哀悼"文坛祖母"》（钟欣），《大公报》；《有了爱就有了一切》，《福州晚报》。自3月1日起，国内外悼念的电话、电报、E-mail像雪片似的飞向了北京，前来悼念的人络绎不绝，鲜花花篮将屋子摆满，每日都得清理一部分送出。

3月19日，在八宝山第一告别室，万千的鲜花献给了冰心，在寒风中排着长队的人们，手持一枝红玫瑰，缓缓地走近冰心，轻轻地献在她的面前，向他们深爱的冰心告别。

这里没有哀乐，没有哭泣，只有大自然的涛声和鸣，满屋的玫瑰，都在散发着芬芳。

告别室的横幅，没有"悼念""追悼"之类的字，此刻的横幅上是冰心的手书：有了爱就有了一切。

新华社向全世界播发了消息：

> 今天首都各界人士在八宝山革命公墓，送别世纪老人冰心先生。
>
> 李瑞环、李岚清、丁关根、王光英、程思远、吴阶平、何鲁丽、许嘉璐、王兆国、赵朴初、钱伟长、陈俊生、孙孚凌、经叔平、

罗豪才、张克辉、王文元和雷洁琼同志等前来送别冰心先生。

在冰心病危期间和逝世以后，江泽民、李鹏、朱镕基、胡锦涛、尉健行、李铁映、贾庆林、温家宝、曾庆红、万里、乔石、荣毅仁、丁石孙、成思危、叶选平、巴金、卢嘉锡、习仲勋、彭冲、费孝通、孙起孟、杨静仁等用不同方式表示慰问和哀悼。

二十世纪中国杰出的文学大师，忠诚的爱国主义者，著名的社会活动家，中国共产党的亲密朋友，中国作家协会名誉主席，中国民主促进会中央委员会名誉主席，中国人民政治协商会议第九届全国委员会委员冰心先生，因病于今年2月28日在北京逝世。

一个作家的送别与悼念，达到如此规模与规格，可说是极尽哀荣了。也许是冰心一生所主张与坚守的"有了爱就有了一切"，才有了最后如此隆重的回报。

2020年4月1日完稿

5月13日改定

6月12日再改于根叶绿营

后记

冰心的照片

世纪告别,留给人间的微笑(摄于1990)

冰心的照片很多。

还是2岁左右,冰心一家居住在上海昌寿里,父亲是北洋水师"海圻"号巡洋舰副船长,常要出海巡逻,小女儿舍不得,哭着不让父亲出家门。这时父亲安慰小女儿的玩意儿便是照相机,随即做出照相的姿势,小女儿喜欢照相,也就破涕为笑了。并不是每一次都真的照相,但冰心家那时确实有照相机。"父亲很喜欢玩些新鲜的东西,例如照相,我记得他的那个照相机,就有现在卫生员背的药箱那么大!他还有许多冲洗相片的器具,至今我还保存有一个玻璃的漏斗,就是洗相片用的器具之一。"(冰心《我的童年》)也就是说,照、冲、洗的全套过程,都可以在家里完成。这个现在算不了什么,冰心2岁时还是清光绪年间,照相机刚刚传入中国,冰心的父亲虽然没有留学的背景,但他漂洋过海曾到英国、德国接受清政府订购的军舰,见过世面,算得上是个新派人物,加上军舰与陆地的双薪,也有条件玩玩照相机。有个玩时髦的父亲,宝贝女儿自然成了"模特",儿时的冰心,照片就有不少。

冰心直到23岁出国留学,才第一次离开父母亲。在出国的远洋轮船上,认识了未来的夫君吴文藻。吴文藻是学社会学的,社会学注重田野调查,照相机可说是学习工具,虽然吴家并不富足,但用美国庚子赔款创办的清华学堂,官费留学费用中除学杂费外，还有每月50美元生活费。所以，吴文藻便有能力买一部学习用的照相机，也就没有为恋爱中的情人少拍照片，所以冰心美国留学虽然只有3年，照片却是多的。

婚后在燕南园居住了10年，从结婚到3个孩子出生，也留下了不少照片。如果这些照片都能保存下来，冰心的照片就更多了。遗憾的是1937年北平沦陷后，冰心一家搬离燕南园，去了云南和重庆，那时并不知道要离别北平多久，加上燕京大学又是美国人办的学校，所以，只是做了一两年的临时打算，除必要的生活必需品与有特别意义的物件之外，其他一切，包括书信、照片、书籍、字画等收藏，装了十几个箱子，放在住宅与教学楼的阁楼上，但这一走就是8年，太平洋战争之后，冰心燕南园的住宅被日本宪兵占用，阁楼上所有的东西被洗劫一空。其中就包括了许多照片。

二战之后，冰心旅居日本5年，作为战后第一位到日本的著名女作家，自然成了公众人物，这时的照片也是多的；1950年归来之后，直至"文革"前，冰心多次出国访问，在国内作为人大代表与作家，走遍大江南北，照片也多。但这些照片，都没有逃脱"文革"抄家的劫难，现在看到的这一段时间的照片，是为幸存者。晚年的照片更多，因为她家里有一个"专业"的摄影师，她的外孙陈钢为姥姥拍摄了大量照片。

《冰心画传》所用的图片，仅是冰心照片的一小部分。1999年冰心逝世时，河北教育出版社出版了一本厚厚的冰心画册，照片的数量十分可观。我在筹建冰心文学馆时，从国内外搜集到了冰心不少的照片，目前陈列馆展览与收藏的图片，多达500余张。

至于文字，我曾出版了《玫瑰的盛开与凋谢：冰心吴文藻》［福建教育出版社、台北秀威（独立）出版公司］、《冰心年谱长编》（上海交通大学出版社），都是百万言以上的作品，这个画传是在大量的文字基础上，经过重新结构与创作的，文字虽少，但冰心一个世纪丰富的人生与文学成就，基本都展示出来了，加上图片，是从文字描写与直观图像上，解读冰心的一个通俗读本。

王炳根
2020年5月18日于根舍